はじめに

「中学受験の準備はいつから始めたらいいのでしょうか？」

よく幼児や低学年向けのセミナーで挙がる質問です。

そんなとき、私はこう答えています。

「実は、**受験に向けた土台作りは生まれたときから始まっている**んですよ」

すると、多くの親御さんは「えーっ！　生まれたときから？　もう手遅れってこと？」

と驚き、さらに質問をたたみかけます。

「何をやっておけば良かったんですか？」

「今からでは間に合いませんか？」

安心してください。もちろん、今からでも十分間に合います。

中学受験の指導に携わるようになって40年以上が経ちました。これまでにたくさんの子どもたちとご家庭を見てきましたが、ここ数年気になっているのが「何をすれば成績を上げられるか」といった質問です。

昔も今も、中学受験をするご家庭の多くは、受験をするからには、できるだけ上の学校を目指したいという考えをお持ちです。その考え自体を否定するつもりはありませんが、どうも今の親御さんたちは「○○をすれば、子どもの成績がぐんぐん上がる」「○○をやらせておくといいらしい」と「何をやらせるか」に目が向きがちのように感じています。

特に**中学受験で主流になりつつある共働きの家庭**は、親である自分が忙しく、子どもの勉強を十分にサポートできない分、**「わが子のために良さそうなもの」に走りがち**です。そして、将来的に中学受験をするとなったときにお子さんが困らないようにと、**小さいときからあれもこれもやらせすぎてしまう**のです。

先を見据えて、早くから準備をしておくことは、賢いやり方だと思います。しかし、子育ては大人同士の関係で構築される仕事と違って、「これをやっておけばスムーズにいく」という単純な展開にはなりません。**「これをやっておけば、必ず勉強ができる子になる」といった因果関係は存在しない**のです。ですが、たまたまよいタイミングで何かの経験をして、それが知的好奇心を刺激し、学びに向かうことがあります。この「偶然」を信じて、日々の生活を大切に過ごしてほしいのです。そして、それはお子さんが生まれた瞬間から始まっています。

長年、中学受験の指導に携わってきた私が近年感じるのは、**中学受験でぐんぐん伸びていく子と伸び悩む子の一番の違いは、幼児期・低学年の過ごし方にある**ということ。

「この子がこんなに目を輝かせて難問に立ち向かっているのは、幼少期のあの熱中体験があったからなんだろうな」

「この子にうっかりミスが多いのは、小さい頃から早くたくさんの問題を解くように言われていたからなんだろうな……」

そんなふうに、子どもの表情や筆跡を見ていると、その子が幼少期や低学年のときにどのように過ごしてきたかが想像できてしまうのです。

そして、伸び悩む子を見て、「小さい頃にもっとこう過ごしていれば良かったのに」「これをやっていなければ良かったのに」と、残念に思うことが多々ありました。

本書では、この「もっとこう過ごしていれば良かったのに」と「これをやっていなければ良かったのに」と思うことを、それぞれ具体的にご紹介していきます。

幼児期・低学年のお子さんにぜひおすすめしたいのが、**身体感覚をともなった経験**です。

小さいお子さんの場合、その多くは遊びです。逆に控えてほしいのが、1週間のスケジュールを勉強や習い事などで埋め尽くすといった「やらせすぎ」です。

幼児期・低学年の親の関わり方として望ましいのは、**「何をやらせるか」ではなく、「ど**

のように過ごすか」。そこに目が向けられると、お子さんはのびのびと成長します。

結局のところ、**中学受験の成功は、お子さんが「勉強は楽しい！」と思えるかどうか**にかかってくるのです。

大人でもそうですが、楽しいと思うことは、どんどんハマっていくし、うまくいかないことがあっても、楽しいことなら「もうちょっと頑張ればなんとかなるかもしれない」と踏ん張りがききます。中学受験の勉強もそれと同じ。「知らないことが分かるって楽しいな」「できなかった問題が解けるようになるとうれしいな」と思うことができれば、**子どもは自走していきます**。でも、その土台を作る幼児期・低学年のときに、どんな過ごし方をしてきたかで、勉強に対するイメージは変わってきます。

今、この本を手に取ってくださった方の多くは、本書にある「**自走**」や「**逆算**」といった言葉に惹かれ、何かいいことや、役に立ちそうなことが紹介されているのだろうと期待されたのではないかと思います。

しかし、本書は「3歳の時にはこれをやらせて、5歳の時にはこれをやらせた方がいい」といった英才教育本ではありません。「○○をすれば、子どもの成績がぐんぐん上がる」のではなく、お子さんが何かのタイミングで偶然、学びに向かうことを期待して、幼少期にどんな過ごし方をするといいかをご紹介しています。

ただし、**これらをぜんぶ網羅する必要はありません**。「これならうちでもできそう」「これをやってみようかな」というものがあれば、日々の子育てに取り入れていただければ十分です。できることから始めてみましょう。

名門指導会代表　西村則康

中学受験の成功は、幼児期・低学年がカギ！

「自走できる子」の育て方

第1章 忙しい親こそ「正しい逆算」で受験に備える

第2章

受験成功のカギは「自走できる子」

第3章

「自走できる子」の親が家庭でやっていること

第4章

中学受験に必要な「学力の土台作り」―言葉・計算編―

第5章

中学受験に必要な「学力の土台作り」―実体験・学習習慣編―

第6章 低学年の時期こそ親ができる受験の下準備を

第1章

忙しい親こそ「正しい逆算」で受験に備える

第1章

親世代とはこんなに違う「令和時代の中学受験」

東京・神奈川を中心とする首都圏の中学入試は、2月1日をピークに5日頃まで続きます。その後、私たち名門指導会の講師たちは、その年の入試問題を実際に解き、各学校でどのような問題を出題し、そこからどんな力を求めているかを分析します。

その結果、近年の入試で見えてきたのは、いわゆる難問・奇問が出題されなくなったことです。ひと昔前は、難関校の算数や理科の入試問題は、重箱の隅をつつくようなマニアックな問題が出され、どれくらい多種多様な問題を解いてきたかが勝負の分かれ目になるところがありました。そのために、できるだけ知識を詰め込み、たくさんの問題を解いて鍛えるという勉強法に走りがちでした。実際、その方法で合格した子が多かったのです。

ところが、昨今の入試問題は、必要とされる知識自体はそれほど高度なものは見当たらず、代わりに12歳の子どもが持ち合わせている知識と経験を組み合わせながら、自分なりに考えて答えを見つけるといった**思考力や表現力を重視する問題にシフトチェンジ**しています。この傾向は２０２０年頃から見え始めるようになりましたが、22年度入試で各校がはっきりとその意思を見せるようになりました。そして、23年度入試も同傾向の問題が多かったことから、今後はこの路線の問題が定着していくだろうと見ています。

パターン学習から自らの頭を使って考える学習へ

では、なぜ入試問題に変化が現れたのでしょうか？

入試問題にはその学校の個性が反映されます。どの科目においても「こういう知識をしっかり持っている子がほしい」「こういうことに生活の中で関心を向けられる子どもを集めたい」といった学校側の思惑が明確に示されています。難関校であればあるほどその傾向は強く、入試問題でその学校にとって望ましい生徒を選別しようとします。そして、毎年、目新しい問題や難問が生み出されていくのです。

それらは、実によくできた問題です。私たち講師からすると、「なるほど、そう来たか！」と膝を打つような斬新さがあり、学校側のプライドをも感じさせます。

ところが、こうした問題が入試に出ると、大手進学塾がすぐに解くための知識やテクニックを開発して、翌年のテキストやプリントに載せ、子どもたちに教えます。難関校の合格実績を上げることが大手進学塾にとって最重要の使命だからです。

「新しいタイプの問題」としてテキストに紹介された問題は、その瞬間に新出問題ではなくなり、子どもたちがこなしていく大量演習の一つになってしまいます。こうして、難関校と大手進学塾のいたちごっこが長い間続き、塾のテキストはどんどん分厚くなっていきました。その結果、大量学習やパターン学習といった受験テクニックだけで合格する子が増えてしまったのです。

しかし、そういう勉強のやり方をしてきた子は、中学入試では合格できても、入学後の勉強で苦労することになります。なぜなら、**難関校の授業は、自ら問いを持ち、考え続ける姿勢が不可欠**だからです。また学校側も、「近ごろの子どもたちは、与えられた勉強はできても、自ら考えようとする子が少なくなった」と危機感を抱くようになりました。

そこで学校側は難問や奇問で入学を選別するのではなく、「どのように考えてこの問題を解こうとしているか」が浮き彫りになるような問題に変え、その子の「自分で考える力」を見るようにしたのです。それが近年の、**自ら手を動かし、自らの頭で考える思考力や表現力を求める問題**です。

20～30年前の難問は、今の標準レベル問題に

この本を手に取ってくださった方は、お子さんが幼児または小学校低学年で、いずれ中学受験をさせようかと漠然とでも考えているご家庭が多いと思います。中学受験をさせたいと考える理由はいろいろあると思いますが、中には親御さん自身が中学受験経験者で、中高一貫校に通う良さを実感しているということもあるでしょう。

中学受験はわずか12歳の子どもが挑戦する受験です。近年、首都圏では中学受験者数が増加傾向にあるとはいえ、全国で見れば少数派。そのため親御さんも経験しているというのは、お子さんの気持ちを理解する上で、大きな強みになることもあるでしょう。

しかし、ここで気をつけなければいけないのは、みなさんが中学受験をした20～30年前と今では、中学受験の様相は大きく変わっているということです。

一番の違いは問題のレベルと質です。**30年ほど前に難問とされていたものが、今は標準レベルの問題として扱われています**。例えば、30年前に首都圏の最難関校の一つである開成中で出題された算数と同じような問題が、今は偏差値40〜50の学校で出題されています。そのくらい難度が上がっているのです。さらに、近年は知識重視の問題から思考力を求める問題へと問題の質も変わってきています。このように、同じ中学受験でも親世代と令和の時代とでは大きく異なっているのです。

昔は塾に行かなくても、本屋さんに並んでいた『自由自在』や、すでに絶版となった『応用自在』『力の5000題』といった受験問題集の一つだけを学習して中学受験をする子もいました。しかし今は、塾などを利用せずに受験勉強を進めていくのは、ほぼ不可能に近いです。つまり、過去の経験はあまり参考にならないのです。むしろ、**親御さんの過去の成功経験がお子さんの足を引っ張ってしまう**こともありますので、「今の中学受験はどうなのか」という視点を忘れないようにしてください。

一方、親御さん自身が中学受験未経験の場合、まわりの情報に振り回されてしまう傾向があります。今の時代はインターネットで何でも簡単に情報が得られ、先輩受験親が紹介する「良さそうなもの」にすぐに飛びついてしまいがちです。

しかし、このような情報は常にアップデートされているわけではなく、時には少し古い内容のものも混じっています。中学受験の中身は年々変化しています。特に**ここ数年で大きく変わってきているので、情報収集には注意が必要**です。上の子で受験を経験した場合であっても、違ってきていることは多くあります。いずれも、最新の受験情報をキャッチするようにしましょう。

また、ある情報が発信者にとって有効であったとしても、わが子に有効であるとは限りません。いずれも情報に踊らされることなく、精査する必要があります。

第1章

塾通いが始まるとこんな生活になる

今の時代、中学受験をするなら基本的に塾通いは必須です。では、将来的に中学受験をするとしたら、この先にどんな生活が待っているのでしょうか。

次のページの表は、首都圏の四大受験塾、サピックス・日能研・四谷大塚・早稲田アカデミーの4年生から6年生までの時間割になります。

中学受験の勉強は学年が上がるごとにハードになる

一般的に中学受験の勉強は、大手進学塾の受験コースがスタートする3年生の2月から

首都圏大手四塾の時間割徹底比較

小4時間割	月	火	水	木	金	土	日
サピックス※1		○		○			
日能研※2	○			○		テスト（第2・4土曜）	
四谷大塚	○		○		○※3		家で復習ナビ※4
早稲田アカデミー※5		○		○		○（隔週）	

小5時間割	月	火	水	木	金	土	日
サピックス	○		○		○		
日能研※2	○		○		○	テスト（第2・4土曜）	
四谷大塚		○		○		週テスト・演習	家で復習ナビ
早稲田アカデミー※6	○		○		○	○（隔週）	

小6時間割	月	火	水	木	金	土	日
サピックス		○		○		土曜志望校別特訓	難関校SS特訓（9月～）
日能研※2		○		○	○	○	テスト＋日特
四谷大塚		○		○		週テスト・演習	学校別対策コース（9月～）
早稲田アカデミー※6	○	○		○		土曜YT講座 土曜集中特訓	NN志望校別コース

上記のほかに各塾で実施しているテスト、模擬試験などがある。ゴールデンウィークや夏休みなどの長期休日は別の内容になる。上記の時間割は、各塾の一般的なものを掲載。時間割は教室によって異なる場合があるので各塾にお問い合わせください。

サピックス ※1 小4は校舎によって火・木または水・金いずれか。 日能研 ※2 小4～6は校舎や受講クラスで曜日が変わる。小4は受講科目（4科・2科の選択制）に関わらず週2回の授業。小5は週3回、小6は週3または4回。 四谷大塚 ※3 金曜は週テスト・演習。※4「復習ナビ」とは、四谷大塚が提供するネット上の映像授業。個別パスワードを入れると閲覧できる。 早稲田アカデミー ※5 小4は火・木または水・金いずれか。※6 小5と小6は校舎によって月・水・金または月・火・木いずれか。

（資料提供：名門指導会、2022年9月、参考：各塾ホームページ）

始まります。学校の新学期は4月なのに、どうして2月からスタートするのかといえば、**4年生に上がる2カ月前から塾で学習を始めることで、早めに生活リズムを慣れさせておく**という狙いがあります。

受験勉強がスタートする4年生の時間割は、多くの場合、平日の通塾は週2日と比較的余裕があります。授業の内容も基礎学習のため、そこまで親子に負担はかかりません。

しかし、5年生になると通塾日が週3〜4日に増え、授業内容も応用問題へと変わっていきます。さらに、**入試に必要なほとんどの分野を5年生で終わらせる**ため、毎回の授業がものすごいスピードで進んでいきます。塾がある日は帰りが遅く、復習をするだけで精一杯でしょう。そのため、塾がない日に宿題を進めていくことになります。また、月1回の学力テストの対策もしていかなければなりません。

6年生になると、さらにハードになります。平日の塾の授業に加え、秋からは志望校特訓が始まり、土日も塾に通うことになります。授業はほとんどが演習と解説のくり返しです。塾の宿題に加え、模試対策や志望校の過去問対策にも取り組むため、学校以外の時間はほとんど受験勉強をしなければならない状況になります。このように、学年が上がっていくごとにハードになっていくのです。

当然のことですが、これらを子どもだけの力で進めていくのは難しいでしょう。そこで、親のサポートが必要になってきますが、夫婦共に仕事をしている共働き家庭の場合、時間に制限があり、子どもの受験のためにすべてを捧げることはできません。

4年生以降はこのような生活が待っていますが、わが家はうまく回していけそうか、まずはちょっとイメージしてみてください。おそらく多くの方が、「いや～、仕事をしながら子どもの勉強を見るのは、ちょっと厳しいなぁ～」「絶対バタバタしそうだな」と思われたのではないでしょうか。そして、「子どもが自分から進んで勉強してくれたらなぁ～」

と思ったはずです。

確かに、仕事や家事・育児をこなしながら、子どもの受験勉強も全力でサポートするのは大変です。なので、**できるだけ子ども自身で勉強ができるようになってほしい。**これが、共働き家庭をはじめ、忙しい毎日を送る今の親御さんたちの願いだと思います。**理想は「自走できる子」**ではないでしょうか。

しかし、それまで何も対策せずに、塾通いが始まったからといって、子どもが勝手に走り出すなんてことはまずありません。そこで、子どもが自ら走り出せるように、中学受験の勉強が本格的に始まる前までにウォーミングアップしておくことをおすすめします。

では、いつからウォーミングアップを始めていけば、よいのでしょうか。

先にお伝えしたように、中学受験の勉強は小学校3年生の2月からスタートします。しかし、その時点になって、いきなり「よーい、どん!」とゼロからスタートすると、多くの親子がアタフタすることになります。そこで、**幼児期・低学年のうちから中学受験に必要であり、かつ今後の人生に欠かせない学び力を身に付けていこう**というのが、私たちが考える**「正しい逆算」で中学受験に備える方法**です。

「逆算」という言葉を使うと、何かを前倒ししてやるという印象がありますが、私たちがこれからお伝えしていく「正しい逆算」は違います。中学受験を有利に進めていくために「何かを早めにやる」のではなく、**中学受験の勉強に楽しく取り組めるように、幼児期や低**

学年のうちから「学びに向かう力」を育んでいこうという考えです。結局のところ、「学ぶことは楽しい！」と思えれば、子どもは自分からどんどん勉強をするようになるからです。

「自分から勉強する子」になるために必要な2つの柱

自分から進んで勉強する子になってほしい。多くの親はそう願います。では、どのような手順を踏めば、自走できる子になっていくのでしょうか。

私たちは次の2つの柱を積み上げていくことが、重要だと考えます。

一つは**「中学受験に必要な学力・能力」の柱**です。32ページのピラミッド図は、中学受験に必要な学力・能力を表したものです。一番てっぺんにあるのが、4年生から始まる中学受験の勉強です。その下を支えるのは基礎学力。いわゆる「読み・書き・計算」と言われるもので、低学年の勉強がここに該当します。そして、一番面積が大きい土台部分にあたるのが、身体感覚と生活知識です。

子どもは自分が経験したことは身体感覚として残り、その経験と知識をつなぎ合わせることで理解を深めていきます。

例えば、すべり台から泥団子を落とすのと、紙を落とすのでは、落ち方のスピードがぜんぜん違いますよね。このように「軽いものを落とすとふわふわしてなかなか地面に落ちないんだな」という感覚を知っていると、高学年になって物理的な勉強が始まったときに、「あ、あのときのアレか!」と、自分の経験と知識がピタリとつながる瞬間があります。小さいときは「なぜそうなるのか」分からなかったことが、授業で分かったとき、大きな納得感を得られると同時に、「勉強っておもしろいな」と学ぶことの楽しさを実感できるようになります。

こうした遊びや生活から得た経験を、幼児期や低学年のときにたくさん積んでおくと、その数だけ学びの楽しさを味わうことができます。わが子を**自走に向かわせることのできる最大のポイントは、「勉強は楽しい！」と思えるようになるかどうか。**つまり、**幼少期の過ごし方が、その後の受験勉強に直結してくる**ということです。

もう一つは**「学びに向かう力」の柱**です。子どもが自ら学べるようになる特性といってもいいでしょう。こちらは土台の方から説明をしていきましょう。

子どもがのびのびと学び、賢くなっていくには、身体的にすこやかであることはもちろん、気持ちが前向きな状態であることが重要です。

幼児は生物としては人間であるものの、まだ社会性を身に付けていないため動物に近い状態といえます。生物として最も重要なことは、身の安全です。幼児期の子どもにとって

＼自分から勉強する子／

＝

自走できる子になるために必要な２つの柱

❶ 中学受験に必要な学力・能力の柱

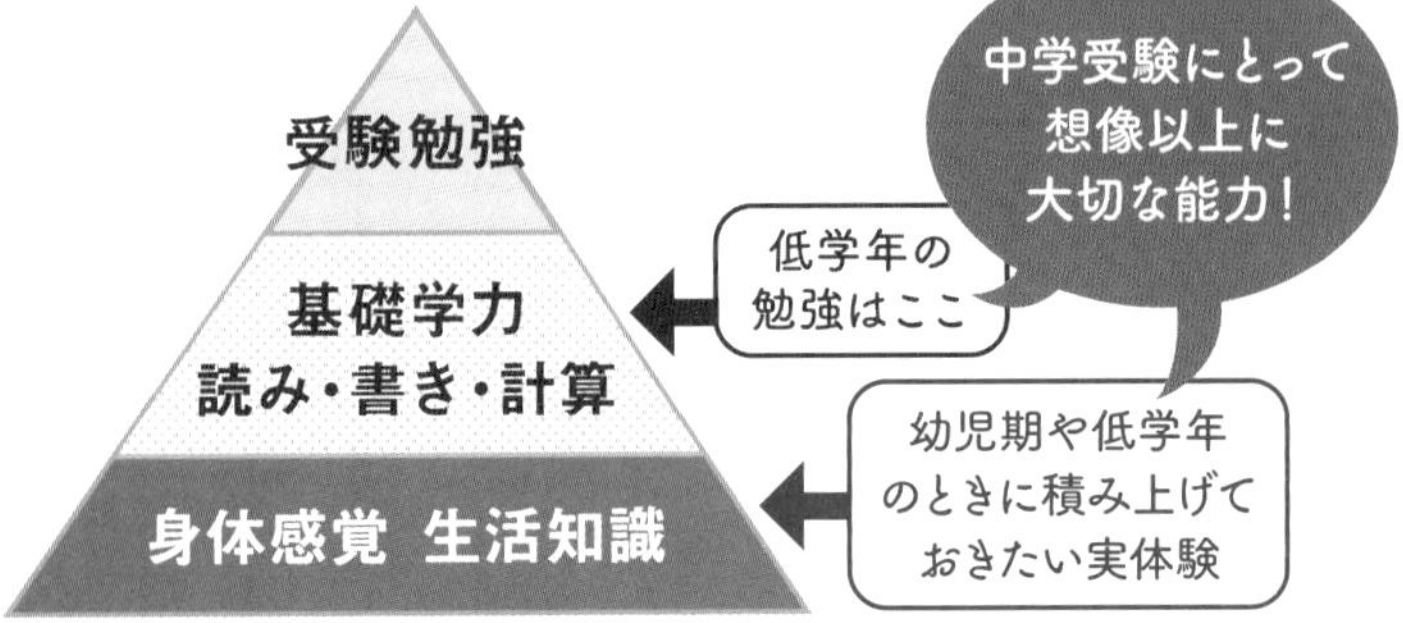

❷ 学びに向かう力の柱

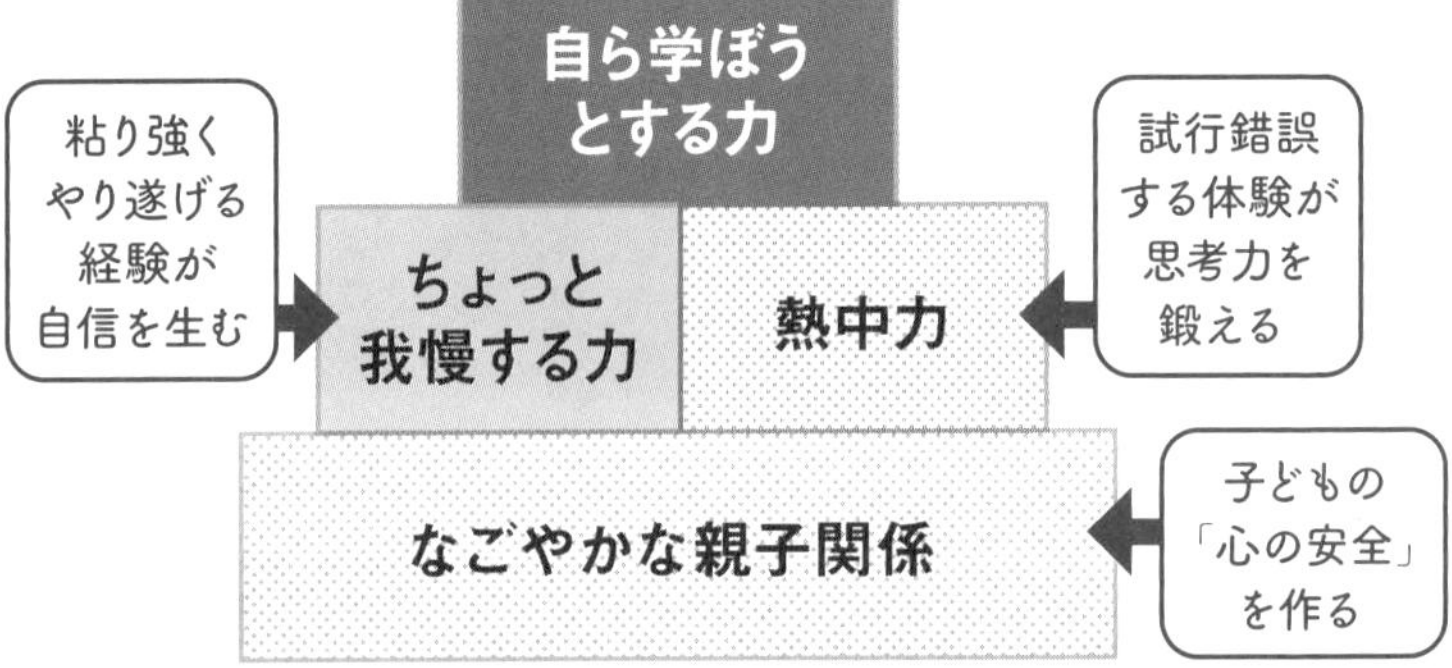

の安全とは、身の安全とともに心の安全を指します。落ち着いた気持ちでいられる。困ったことがあったり、失敗をしたりしても大丈夫と思える、そんな環境が「心の安全」をつくります。幼い子どもにとって親の存在はとても大きく、親の機嫌は「世界の動向」に匹敵するくらいのインパクトがあります。

普段から親御さんがご機嫌でいると、子どもは心の安全を感じ、安心して好きなことに取り組もうとするようになるものです。このように、まずは**子どもにとって安心できる「なごやかな親子関係」を築くことが大切**です。

心理的安全性が担保された家庭環境であれば、子どもは自分の興味の赴くままに、遊び始めます。これを「**熱中力**」と表現します。お絵描きでも、石ころ集めでも、鉄道でも、何に熱中しても構いません。人は何かにとことん取り組んでいるときに、ああでもない、こうでもないと試行錯誤をくり返し、工夫を見いだします。実はこの**試行錯誤する体験が、思考力を鍛えている**のです。

一方、何かに夢中になって取り組んでいる最中には、ブロックがうまく積み上がらなかったり、固めていた砂が崩れてしまったりと、壁にぶつかることもあります。そんなときに必要なのが、**「ちょっと我慢する力」**です。うまくいかないときに「もう、やーめた！」と投げ出すのは簡単ですが、粘り強く最後までやり遂げる経験をすると、大きな自信が生まれます。**この自信が、「自分ならできるはずだ」と頑張れる支えになり、自ら学ぶ姿勢を生み出していく**のです。

幼児期・低学年の過ごし方が中学受験の成功を左右する

32ページの表では、「熱中力」と「ちょっと我慢する力」が2つの力に分かれていますが、実際のところ、2つの力ははっきり分かれるものではなく、グラデーションのように重なり合っています。幼児は「熱中力」の方が大きな割合を占めますが、年齢が上がっていくにつれて熱中する内容も高度になっていき、「ちょっと我慢する力」の割合が大きくなっていきます。そして、その上に「自ら学ぼうとする力（学習する力）」が付いてくるのです。

こうして見ていくと、幼児期から低学年の過ごし方が、中学受験に必要とされる学力や能力、自ら学びに向かう力の大きな土台になっていることが分かります。

つまり**忙しい共働き家庭が中学受験をスムーズに進めていくコツは、本格的な受験勉強が始まる前にこれらの力を育んでおくこと**。前倒しで何か学習を進めておくのではなく、その年齢に応じた力を少しずつ付けていけばいい。そう考えると、「わが家でもできるかも！」とちょっと安心したのではないでしょうか。

逆算式メリット❶
親側の万全な準備ができる

中学受験の準備を早い段階から意識しておくメリットはいろいろあります。

中でも、**わが子の教育方針について、比較的余裕のあるうちに家庭内ですり合わせしておける**点については、日々忙しい共働き家庭には大きなメリットと言えます。日常の中で、夫婦で話し合いたいと思うことが出てきても、余裕のなさからつい後回しにしてしまう、なんてこともあるのではないでしょうか。そこで**中学受験を大切なわが子の将来について話し合う一つのきっかけにしてほしい**のです。

将来わが子に中学受験をさせたいと思っている、あるいはそこまで真剣に考えていない人もいるでしょう。いずれの場合も、夫婦でお子さんの教育方針についてじっくり話し合ったという方はどのくらいいらっしゃるのでしょうか。

というのも、私たちがこれまで指導や面談に関わったご家庭を振り返ってみると、お子さんの教育方針や受験に関して家庭内で考え方が一致していないケースが多いのです。中には、6年生になった頃、子どもの成績が思うように伸びないことに苛立ち、「だから、俺は中学受験に反対だったんだ！」と言い出すお父さんも。うまくいかない原因をお互いのせいにして、子どもの前でけんかを始めるご両親。このような状況では、お子さんが落ち着いて勉強することができません。

こうしたケースを見てきて思うのは、**中学受験をする・しないに関わらず、お子さんが小さいときに夫婦で「わが家の子育て方針」を確認し合うことがとても大切**であるということ。早いうちから始めておけば、わが子にとってのベストな進路は何かをじっくり検討することができます。

これを先延ばしにしてしまうと、入塾の時期になって慌てて塾に入れてしまうことも。まわりが塾に入れ始めたからとか、入塾テストの締め切りが迫っているから「とりあえず」で中学受験をスタートさせてしまうと、必ずどこかで歪みが出てきます。将来的に中学受験させる可能性が少しでもあれば、できるだけ早めに夫婦で話し合っておきましょう。

余裕のあるうちにいろいろな学校を見ておくことができる

「中学受験をする」または「するかもしれない」、あるいは「高校受験にする予定」などと、早いうちに方針が決まっていると、学校選びも余裕を持ってできます。

学校見学は意外と時間を取られます。本格的に塾通いが始まる前の比較的時間に余裕のあるうちから学校の様子をのぞいておけると、中学校がどんなところか分かるようになり、身近に感じられるようになります。特に、地方の公立校出身の親御さんにとって、私立中高一貫校は未知の世界でしょう。また、共学校出身の親御さんは男子校や女子校ではどんな学びをするのか想像がつかないと思います。ぜひ親御さんだけでも足を運んでみることをおすすめします。

また、**中学受験の勉強がスタートしてから学校選びを始めると、どうしても偏差値から学校を選んでしまいがち**です。もちろん、合格するためには、その学校の学力レベルを表す偏差値は無視できませんが、偏差値だけで学校を選んでしまうと、入った後に校風が合わないなどのミスマッチが生じてしまい、学校生活を楽しむことができなくなってしまうこともあります。

その点、**入塾前であれば、成績を気にすることなく、いろいろな学校を見ることができます**。まずは、偏差値や子どもの成績にとらわれず、いろいろな学校を見学してみてください。

間違った受験のイメージを修正しておく

中学受験といえば、ひと昔前は母と子の二人三脚で進めるケースが主流でした。しかし、今は共働き家庭も多く、中学受験に積極的なお父さんが増えました。そのこと自体はとても良いことだと思いますが、中には今の中学受験をよく理解せずに、ご自身の持つイメージのまま、大量学習やパターン学習で鍛えようとする親御さんが見られます。

しかし中学受験の内容は、その場で手を動かしながら、試行錯誤して考える問題へと変化しています。こうした問題を解くときに必要となるのは、「自ら考える力」を育むことです。最近は、お子さんの学習スケジュールをエクセルに細かく入力される親御さんも少なくありません。「計算ドリル15分」「休憩5分」「算数の復習45分」など、細かく予定を組む方もいます。

しかし、**子どもは大人のように予定通り進めていくことはできません**。「今がすべて」の子どもは、先の目標に向かって、毎日頑張り続けることなどできないのです。ノリノリで勉強できる日もあれば、まったくやる気が起きない日もある。これが普通です。

ところが、いざ中学受験の勉強が始まると、成績を上げることだけに必死になってしまい、冷静に物事が見られなくなってしまう親御さんがとても多いのです。

そうならないためにも、お子さんが小さいうちからじっくり考えていただきたいのです。今の中学受験ではどんな問題が出題され、12歳の子どもにどんな力が求められているか。そして、どのような関わりをしていけば、無理なくお子さんの力を伸ばしていけるか。

それらを早い段階から意識しておけば、「〇〇をやっているときは、楽しそうだな」と気づくことができたり、「このやり方はこの子には合わないんだな。ほかにいい方法はないだろうか」と失敗から学んだりすることもできます。

そうやって、**少しずつ受験親になるための準備をしておく**と、焦らず受験に臨めます。

逆算式メリット②
学力の土台を固めておける

中学受験の内容は、小学校の授業で習う内容よりはるかに難しく、それを専門に指導する大手進学塾で勉強を進めていくのが一般的です。通常は4年生コースから始めますが、最近では1年生から塾通いをさせるご家庭が増えています。「仕事で忙しくて子どもの勉強を見てあげられない」「人気塾は4年生の募集定員がすぐに埋まってしまうので、今のうちから席を確保しておきたい」といった理由で、早いうちから塾に通わせるのです。

結論から言うと、**中学受験の勉強は4年生からスタートして十分に間に合います。「学びに向かう力」がしっかり身に付いていれば、5年生から始めて追いつく子もいます。**

大手進学塾の低学年のクラスでは、いわゆる中学受験の勉強はまだ行いません。勉強には「学びの段階」というものがあり、子どもの成長に応じて教えていくことが大事であることは、塾側も知っているからです。では何をやるかといえば、パズル的なものや図形を使って考えさせる思考系の問題に取り組ませています。その内容自体は悪くはなく、遊びの延長のような感覚で、楽しく学んでいる子もいます。

ただ**問題は**、**進学塾である以上、成績が出ること**です。**この評価に親御さんが一喜一憂してしまうと、おかしなことになってしまいます。**今の時期からこんな成績では困ると、あれこれ問題集やテキストを買い集め、「やらせすぎの勉強」に走ってしまう心配があります。それが、のちの中学受験の勉強を進めていく上で最もしてはいけないことなのです。

先取り学習よりも基礎にきちんと取り組む

低学年に必要な学力は、「読み・書き・計算」です。1年生なら足し算・引き算を鍛え、「10の補数（合わせて10になる数）の感覚」を確かなものにしておきましょう。1年生の算数は、一つの作業をして一つの結果を出すという勉強がほとんどなので、一つの計算を素早く正確にできるようにすることが目標です。

2年生は九九をマスターすること。そのときにただ暗唱で覚えるのではなく、九九の意味を知り、使えるようにしておきます。

3年生は四則計算のやり方と順序を理解し、状況に応じて使いこなせるようにします。また、桁数の多い割り算を解く練習をしておきましょう。入塾テストでは3年生までの範囲から出題されることがほとんどですが、4年生の範囲も少しだけ入ってきます。入塾テストに必要な学力については、第6章で詳しく説明します。

いずれの場合も、**低学年の算数で最も重要なのは計算力**です。そう言うと、問題集をたくさん用意して、何度も計算練習をさせる親御さんがいますが、**大事なのは「量」ではなく「質」**です。

よくドリルの計算問題をたくさん解いている子に多いのが、早く終わらせるのがかっこいいと勘違いしてしまっているケース。こういう子は計算ミスが非常に多く、あとあとまで計算で痛手を負うことになります。

私たちがよく子どもたちに聞くのは、「大きな橋を建設するのに、早く完成したけれどすぐに崩れてしまうA橋と、時間はかかったけれど崩れないB橋、どっちがいいと思う？」という質問。すると、子どもたちはみんなB橋を選びます。それと同じで、計算は素早く解けた方がいいけれど、それ以上に正しい答えを出すことが大事なのだということを教えてあげる必要があります。

そして、計算力を鍛える前段階で必要になってくるのが、数の数え上げや、数の順番、個数の理解です。これらは幼児期の遊びやお手伝いなど、生活の中で身に付けていきます。数と数量の感覚の身に付け方については、第4章で詳しく説明します。

語彙力は家庭の会話で培われていくもの

一方、「読み・書き」の言葉は、音読や漢字練習で身に付けていきます。しかし、意味も理解せずに、ただこなすだけの勉強では自分の言葉として使えるようにはなりません。

幼少期の子どもが、最も新しい言葉に出合い、吸収する場は家庭です。家庭での会話は、子どもの語彙力、表現力を伸ばす大切な機会。**まだ幼いからといって、簡単な言葉で話す必要はありません。**ちょっと難しい言葉を交えてみる方が、子どもの語彙力は育ちます。

物の名前に始まり、季節を表す言葉や表現、「お手伝いをしてくれてありがとう。お母さん、とっても助かったよ」といった気持ちの伝え方など、日本語にはさまざまな言葉があることを教えてあげてください。

また、**子どもの「話す力」を育むためには、親が聞き上手になることも大切**です。子どもの話はたどたどしかったり、話があっちこっちに飛んだりして聞く側には根気がいります。でも、「だから何が言いたいの？」と苛立ったり、「結局、こういうこと？」と先走ったりせず、待ってあげてください。そして、子どもの話を「へぇ、そうなんだ」「それで、それで？」と興味を持って聞いてあげましょう。お父さんとお母さんが自分の話に関心を持って聞いてくれると感じると、子どもはもっと話したいと思うようになります。

「人に伝える」経験をたくさんしてきた子は、言葉をいっぱい知り、表現力も豊かになります。また、人に伝わるように話す意識が働き、文章の組み立てが上手になります。近年の入試は問題文がとても長くなっている上、自分の言葉で伝える記述問題が増えています。**言葉をたくさん知っていることは、中学入試では大きなアドバンテージ**になるのです。

幼少期の「熱中力」が自分で考え解決する力を育てる

入塾前に必要なのは、「読み・書き・計算」の基礎学力。これさえしっかりやっておけば、**先取り学習などをする必要はまったくありません。**あとはもう、**とにかく遊ぶ**こと。

長年、中学受験の個別指導をしてきた私たちのところには、日々さまざまな相談が来ます。そのなかでも**特に多いのが、「高学年になってから成績が伸びなくなった」という相談**です。

そういうご家庭に「お子さんが小さい頃、どんな過ごし方をされていましたか？」と聞いてみると、多くが「低学年から塾や学習系の習い事に通わせていた」「ドリルをいっぱいやらせていた」などといったお話をされるのです。

こういう子はみんな低学年まではいい成績を取り続けますが、中学受験の勉強が始まる

4年生ごろから少しずつ成績が下がり始め、5年生でさらにガクッと下がってしまうケースが非常に多いのです。努力を怠っているわけではありません。本人は一生懸命勉強しているのですが、思うような結果につながっていかないのです。

一方、学年が上がるにつれて、成績をぐんぐんと伸ばしていく子もいます。この違いは何かというと、**「小さいときにどれだけ熱中体験をしてきたか」**に尽きるといってもいいでしょう。

例えば、勉強は宿題くらいしかしないけれど、魚や虫の図鑑なら何時間でも飽きずに眺めていられるお子さんがいますよね。そういう姿を見ていると、「なんで同じものばかり見ているのだろう？　もっと本も読んだらいいのに」とか「そんなのばっかり見ていないで、そろそろ勉強しなさい！」などと言ってしまうかもしれません。

しかし、この熱中している時間こそが、実はとても大事。

近年の中学入試は、知識の丸暗記は通用せず、与えられた問題の中から条件や状況を整理しながら、自分なりに解決法を見いだす思考力が欠かせません。この**思考力を十分に発揮するのに必要なのが「熱中力」**です。子どもたちが自分のやりたいこと、例えば図鑑を見たり、砂遊びをしたり、パズルに熱中したりしているとき、お子さんの頭の中では、自然と「思考訓練」が行われています。

「この魚と前に見た魚は形が似ているな」

「でも、名前が違うから別の魚ってことだよな。じゃあ、何が違うのだろう？」

「この虫はなんでこんなヘンな形をしているのだろう？」

「きっと何か理由があるはずだ。調べてみよう」

このように、物の類似性や相違性を確かめたり、原因を探り因果関係を発見したりと、無意識のうちに頭をフル回転させているのです。

このような体験が、粘り強く最後まで考え抜く力や自分で考え解決策を見つける力を育んでいきます。つまり、**幼少期にたっぷり遊んだ子の方が、中学受験でその力を発揮することができる**のです。

逆算式メリット③
「自走力」を育める

時間は有限です。特に共働き家庭は日々忙しく、わが子のサポートをしてあげたいと思っても、実際にできないことはたくさんあります。そんなとき、**子どもが自分から勉強をしてくれたら、どんなに助かることでしょう**。そこで、「自走力」のつけ方をこれからたっぷりご紹介していきます。その前に、最初に大事なことをお伝えしておきます。

おそらくみなさんが望む「自走力」とは、子どもが自分で学習スケジュールを立て、親が何も言わなくてもすぐに勉強を始め、間違えたところは自分で解き直し、テスト前には自分で対策をするといった姿を思い描いているのではないでしょうか。結論から言うと、入塾した段階でそこまでできるようになる子はほとんどいません。受験生の6年生でも、何かしら親のサポートは必要になります。ですから、低学年のうちに完璧にできるようにしなければ、と思わないことです。受験勉強が始まり、次第に自分で勉強に向かっていこうとする「自走力」がついていれば十分。それくらいの気持ちで育んでいきましょう。

「自分は頑張ればできる子」と思えるかが成功のカギ

さて、ここまで幼少期の遊びや熱中した体験が、学力の土台になることをお伝えしてきました。幼少期はとにかくいっぱい遊ぶ。これに尽きるのですが、もう一つ並行してやっていただきたいことがあります。それは**「ちょっと我慢する」練習をすること**です。

我慢にはいろいろな意味があります。例えば、**何かに熱中しているときに粘り強く考え**

るのも我慢の一つです。我慢が苦手な子というのは、計算問題なども途中式を書くのを面倒くさがって、なんとなくの勘で「多分3か4かな。まあ、3でいいや」と適当に答えてしまうことがあります。粘り強く考えるのは疲れるし、嫌なことは早く終えたいからです。でも、**幼少期に熱中して何かに取り組んだ子は、最後まで手を抜かずに自分で答えを出そうとします**。こういうところでも、幼少期の過ごし方が影響してきます。

また、**「決められたことをやる」というのも我慢する力を育みます**。

幼児なら食べたお皿を流しに運ぶ、ポストに入った新聞を取りに行くなどの簡単なお手伝いから始めてみましょう。低学年なら毎日夕方6時から学校の宿題をやるなどのルールを決めて取り組ませます。

そのときに、「決めたことなのだから、やって当たり前」と思わず、**できたら「ちゃんとやれたね」とお子さんの頑張りを認める声かけをしてあげて**ください。これをくり返すことで、「自分は頑張ればできるんだ」と自己肯定感を高めていくことができます。この**自己**

肯定感が、自分から行動できる子へと成長させるのです。

ところが、親御さんが忙しくしていたり、心の余裕がなかったりすると、日々の生活を回していくことで頭がいっぱいになってしまい、子どもを待ってあげることができません。約束した時間になっても一向に始めようとしないわが子に、「早くやりなさい！」と急かしたり、「どうしてあなたはいつもこうなの」と苛立ちをぶつけたりしてしまうこともあるでしょう。しかし、そんな声かけばかりをくり返すと、子どもの自己肯定感は育たず、「どうせ自分はできないんだ……」と、自信をなくしてしまうかもしれません。

子どもが自分から勉強するようになるまでは時間がかかります。うまくいく日もあれば、うまくいかない日もある。そういうものなのです。それに根気強く付き合い、自分でできることを少しずつ増やすサポートをしてあげることが、いずれ親御さんを楽にしてくれることにもなります。時間に追われる日々の中で、時には作業の手を止めて目の前のわが子に意識を向けてみてください。**親御さんもわが子と向き合う経験を積んでほしい**のです。

中学受験のときはまだ完全には子どもだけに任せることはできませんが、それでも幼少期に「ちょっと我慢する」練習をしてきたかどうかが、その後を大きく左右します。練習期間がたっぷりあれば、失敗もできます。何より親御さんが、焦らず心に余裕を持ってお子さんを見守ってあげられやすいと思います。

次の章では、特に共働き家庭など忙しい親御さんの家庭で、受験成功のカギを握る「自走できる子」について、さらに詳しく解説していきます。

第2章

受験成功のカギは「自走できる子」

第2章

親たちがイメージするハイレベルな「自走できる子」

「自走できる子」と聞いて、みなさんはどんな子どもを思い浮かべますか？　塾通いが本格化する小学校高学年の時点での子どもの様子について、次のいずれかをイメージする人が多いのではないでしょうか。

大人がイメージしがちな「ハイレベル自走っ子」チェックリスト

- ☑ 目覚ましをセットして、自分で起きる
- ☑ 学校や塾などの準備を自分でする

- ☑ 毎日の学習スケジュールを自分で決められる
- ☑ 決まった時間になったら、自分で勉強を始める
- ☑ 宿題は自分の力で終わらせる
- ☑ 解いた問題は答え合わせをして、解き直しをする
- ☑ 1カ月先のテストに向けて自分で対策を考え進めていく

いかがでしょうか。「自走」というと、誰かの手助けがなくても、自分の力で何でもできてしまうというイメージがありますよね。でも、小学生でこんなことができてしまう子は、一体どれくらいいるのでしょう？

振り返ってみてください。みなさんが小学校高学年だった頃、これらが全部できたという方はいらっしゃいますか？　たぶんほとんどの方が自分の力だけではできなかったのではないでしょうか。なのに、**わが子に対してはついハードルを上げてしまう。そうなって**

くれたらいいな、という親の願望が入ってしまうからでしょう。

結論から言うと、小学生でこれらのことを全部自分でできる子はいません。中学生になる頃に、このくらいのことができていればいいな、くらいに捉えておいた方がいいでしょう。目標設定を高くしてしまうと、できないことに焦り、「なんでできないの?」と、できていないことを指摘する日々になってしまうからです。

では、どのくらいのレベルの「自走」を目指していけばいいのかというと、受験勉強がスタートする**4年生の段階で1週間を見通した学習スケジュールを、親のサポートのもと自分で決められるようになっていれば十分**だと思います。まずは**親御さんがイメージする「自走できる子」**と、**現実的に小学生ができるレベルの「自走」には大きなギャップがある**ことを知っておいていただきたいと思います。

第2章

そもそも「自走できる子」ってどんな子？

「自走できる子」というと、自分で何でも決めて実行できる子というイメージをお持ちの親御さんは少なくありません。もちろん、自分の予定が立てられるようになることは「自走」の中に含まれてきますが、それだけではないと私たちは考えます。

簡単に言ってしまうと、**中学受験において「自走できる子」というのは、環境を与えてあげたら、その環境に応じて自分で勉強を進めていくことができる子。つまり、塾を活用しながら自分で上手に勉強を進められる子**のことです。まさに、忙しい共働き家庭はもちろん、親御さんたちにとって理想的な受験勉強の形と言えるのではないでしょうか。

そう言うと塾の勉強についていけるように、幼児期や低学年のうちから前倒しでたくさん勉強をさせてしまうご家庭がありますが、実はそれが一番やってはいけないこと。これをやりなさい、あれをやりなさいと言い続けられると、やらされ感いっぱいの勉強になってしまい、受験勉強が始まる前からすでに勉強嫌いになってしまうことがあるのです。

「できる子」と「できない子」の決定的な違い

私たちはこれまで、大手進学塾、個別指導塾、家庭教師と指導の形態を変えながら、たくさんの子どもたちと向き合ってきました。

最初から「この子は違うな」と思わせる、いわゆる天才タイプもいましたが、そんな子は全体から見ればほんのごくわずかで、ほとんどの子は飽きっぽく、楽しいことがあればそっちに気持ちが流れてしまうごく普通の小学生です。

そんな**普通の子どもたちでも、成績には大きな差が出ます**。それはなぜでしょう？

「もともと地頭のいい子だったのでは？」

「個人の努力の差では？」

そんな声が聞こえてきそうです。地頭の良さは遺伝的なものもあるといわれていますが、それを決定づけるものはありません。では、どうして努力できる子とできない子がいるのでしょうか？

大人でもそうですが、つらいと感じることを努力し続けるのは、とても難しいことです。遊びたい盛りの小学生ならなおさらです。

でも、「楽しい！」「おもしろい！」と感じれば、時間を忘れて何時間でも没頭することができます。一日中図鑑を眺めていられる、電車の種類を全部言えるようになるなど、好きなものなら驚くほどの集中力を発揮します。それと同じで、勉強も「楽しい！」「おもしろい！」と感じることができれば、努力という意識を持たなくても、自発的に勉強に向かうことができるようになります。

楽しいから頑張れるし、おもしろいから粘り強く考える。それが結果的に学力を高めていく。「能力」には大きな差がないのに、**成績に決定的な違いが生まれる理由は、こうした「勉強に対する感じ方」の違いにある**と私たちは考えます。

自走できる・できないの分かれ目は、「勉強は楽しい！」と思えるかどうか

中学受験の勉強が始まるのは小学4年生からですが、この時点ですでに「勉強に対する感じ方」に違いが出ています。幼児期や低学年のうちからたくさんの勉強をやらされてきた子は、その時点ですでに「勉強は嫌なもの」「我慢してやるもの」と思っている子が少なくありません。そういう子は、4年生のうちは先取り学習のおかげで上位クラスに入れる

ことが多いのですが、学年が上がるにつれて頑張り続けることに疲れ、成績がじわじわりと下がってしまうことが多いのです。そして、入塾前はほとんど遊んで過ごしていた子にあっさりと逆転されてしまう……。

中学受験の勉強は難しくて大変！　そう思っている親御さんは多いと思います。確かに、小学校で学習する内容とは大きく違うため、難しいと感じるのは当然です。

ですが、「なぜそうなるのか」を理解しながら正しく勉強を進めていけば、12歳の子どもでも対応できるようになっています。扱うテーマも遊びや生活に関連しているものが多く「へぇ～、いいこと知ったな」と新しい発見をしたり、「あ、あのときのアレはこういうことだったんだな」と自分の経験と知識が結びついたとき、謎解き問題を解けたような快感を味わうことができます。つまり、**中学受験の勉強は本来であればとてもおもしろいもの**なのです。

スポーツでもゲームでもそうですが、今までクリアできなかった難局を乗り越えられたとき、大きな達成感を得ることができますよね。勉強も同じで、昨日までは知らなかったことが分かったり、手も足も出なかった問題が解けるようになったりすると、大きな達成感を味わうことができます。この**達成感、高揚感を日々の勉強の中で感じることができれば、お子さんはどんどん自分から勉強をするようになります**。

自走できるようになる一番のポイントは、「勉強は楽しい！」と感じられるかどうかにかかっているのです。

第2章

幼少期にとことん遊んだ経験が考える力を養う

習い事のやらせすぎには要注意

今の子どもたちは、とても忙しそうです。子育てに関する情報があふれている今、子どもの教育や将来に良さそうなものがあれば、親御さんたちはすぐ飛びつきたくなる。小さい子どもに、いろいろなことをやらせてあげたいという気持ちも分からなくはありませんが、**習い事のやらせすぎには注意が必要**です。

仕事に家事に忙しい共働き家庭は、平日お子さんと一緒に過ごす時間が少ないため、休日にその埋め合わせをしようと、午前中にサッカー教室、午後に理科実験教室、翌日は朝から探究教室など、あれこれ予定を詰め込んでしまいがちです。習い事で予定を埋めてしまうと、「なんでそうなったんだろう？」「もっと上手になるにはどうしたらいいのだろう？」などと、学んだことを振り返る余裕がありません。**インプットばかりで、自分で考えて工夫をする経験ができないまま、ただ予定をこなすだけになってしまう**のです。

「自分はこれが好き」と言えるものがある子は伸びていく

幼児期は、将来的に良さそうなことをあれもこれもとやらせるより、**自分の好きなことをとことんやらせてあげることが実はとっても大事**。

人は自分が楽しいと思っているものに向き合っているときは、時間を忘れて熱中します。そのときに、「もっと知りたい！」と自分で調べてみたり、「どうしたらもっとうまくできるようになるのだろう?」と考えたり、工夫をしたりします。つまり、**ものすごく頭を働かせている。だからたくさん遊ばせることが大切**なのです。

遊びといっても何でもいいのです。例えばボールペンを分解してみるのだっていい。大人からすると、「物を壊すなんて、なんてことをしてくれるの!」と思うかも知れませんが、分解してみることで、「この部品は何のためにあるのだろう?」と疑問を持ち、実際に触ってみることで、「なるほど、こういうことか!」と発見がある。それがのちに物理分野のバネにつながってくることは、本人はもちろん知りません。ただ、楽しいからやっているだけ。それでいいのです。

ところが、今の親御さんたちは毎日がとても忙しい。仕事から帰って来て、ご飯の支度をして、8時にはお風呂に入れて、9時には寝かせなければ、と頭の中はいつも段取りでいっぱいです。だから、子どもが自分の価値観から外れた遊びをしていたり、ぼーっとしていたりするのが、無駄な時間を過ごしているように思えてしまうのです。しかし、何に価値を持つかは人それぞれです。子どもが「楽しい！」と思っているのなら、それを好きなだけやらせてあげた方が、心は豊かになり、頭も鍛えられます。

大人もそうですが、自分がやりたいことをやっている人というのは、表情がイキイキしていて、楽しそうに見えますよね。逆に人の価値観を押しつけられ、やらされてばかりいると、表情が乏しくなるばかりか、自分が何をやりたいのかが分からなくなってしまい、受け身の状態になってしまう。つまり、頭が働かなくなるのです。どちらが幸せな人生かは一目瞭然ですね。

子どもには「自由な時間」が持てるように、日頃から親が意識しておくとよいでしょう。そして、好きなことをとことんやらせてみる。その時間こそが、頭がフル回転し、思考力を鍛える絶好のチャンスなのです。

第2章

自走する子になる ホップ・ステップ・ジャンプ!

第1章で触れましたが、**幼児期から少しずつ身に付けておきたいのが「ちょっと我慢する力」**です。我慢には、「決められたこと・自分が決めたことをやる」といった学習スケジュールに関する部分と、どんな難問を前にしても最後まで粘り強く考え抜くといった強い心を育むための我慢があります。**どちらも「自走力」を育む上では欠かせない**ものです。

「マシュマロ・テスト」をご存じでしょうか? このテストは、かつてアメリカのスタンフォード大学の心理学者だった故ウォルター・ミシェル氏が、4歳の子どもたちを対象に、子どもの自制心と将来の社会的効果の関連性を調べるために行った実験です。

子どもたちは一人ずつ、マシュマロ1個と机と椅子だけがある部屋に通されました。実験者は「私はちょっと用事があるので、今から出かけてくるよ。15分間、食べるのを我慢して待っていてくれたら、マシュマロを2個あげるよ。でも、食べてしまったら、2つ目はないからね」と告げてその部屋を去ります。

その後、子どもたちの行動を観察すると、一人、二人……、と次々に我慢できずマシュマロを食べてしまいます。実験者が戻ってくるまでの15分間に我慢できた子は、全体のわずか3分の1。たった15分待てば2つ食べられるのに、それができない。そのくらい**小さな子どもにとって我慢することはとても難しい**のです。

ちなみに、追跡調査でマシュマロを食べずに我慢した子と食べてしまった子の学力調査をしたところ、我慢できた子の方が優秀であることが分かりました。その結果、**未来のために小さな我慢をすることが大事**であることが証明されたわけですが、私たちもこの考えに同感です。

では、幼いときに我慢ができない子は、その後もこらえ性が育たずに、学力が伸び悩むのかというと、そんなことはなく、練習を積み重ねることでどんな子でも我慢ができるようになります。ただ、「多くの子どもは我慢ができない」のだということを前提に、**少しずつ我慢する練習をしていくことが成長につながる**と考えています。

そこで、次のステップを踏んで我慢する練習をしていきましょう。

【ステップ❶】決められたことが実行できる
【ステップ❷】自分でやることを決めることができる
【ステップ❸】自分で決めたことをより工夫することができる

詳しく説明していきましょう。

【ステップ❶】決められたことが実行できる

最初の我慢は、日常生活の小さなことから。例えば、ご飯は家族全員がテーブルについて、「いただきます」を言ってからでなければ食べてはいけない、なんてことから始めてみるといいと思います。また、簡単なお手伝いを任せてみるのもいいでしょう。幼児なら「食べたお皿は流しに持っていく」「ポストに入った新聞を取りに行く」などがいいかもしれません。**子どもに何か役割を与えて、それをきちんと実行できたら、「今日も新聞を取ってきてくれてありがとう。助かるよ」と、感謝の気持ちを伝えましょう。**

低学年の場合は、お手伝い以外に、勉強も取り入れましょう。例えば1年生なら「国語と算数の勉強を毎日各10分間やる」「夕飯ができるまでの時間に宿題を終わらせる」などのルールを作ります。そして、きちんとできたら「夕飯までに宿題を終えることができてえらいね」「今日も国語と算数の勉強を頑張ったね」と、**子どもの頑張りを認め、褒めます。**

このときに、親御さんが「決めたことなのだからやって当たり前」という態度をとってしまうと、子どものやる気が削がれ、さぼるようになります。

子どもからすれば、毎日決められたことをやるにはちょっとした我慢が必要です。些細なことでも、できたら褒めてあげましょう。それをくり返すと、やらないことが不自然に感じるようになります。そうなったら習慣化が成功した証拠。次のステップへと進みます。

【ステップ❷】自分でやることを決めることができる

決められたことができるようになったら、次に少しずつ**自分で決める練習**をします。幼児ならお手伝い、**低学年ならお手伝いと勉強の中身を自分で決める**ようにします。例えば2年生なら「今日は九九の7の段を完璧に覚える」「国語の音読をスラスラ読めるようにする」などの目標を設定し、実行するようにします。そして、同じように頑張っている姿が見られたら「自分でやると決めたことをちゃんと最後までできたね。よく頑張ったね」と褒めてあげます。1〜2年生あたりでこのステップに進めれば上出来です。

【ステップ❸】自分で決めたことをより工夫することができる

学年が上がっていくにつれ、家庭学習の時間も長くなってきます。よく私たちが言っているのは、低学年の家庭学習の時間の目安は、学年×国語・算数各10分。1年生なら国語10分、算数10分の計20分机に向かうことができたら十分だと考えています。となると、3年生は国語30分、算数30分の計1時間の家庭学習をするのが理想ですが、時間が長くなればなるほど予定通りに進めていくことが難しくなります。

予定を立ててみたものの、うまくいかない日も出てくるでしょう。そんなとき、「自分が決めたことなのだからちゃんとやりなさい！」と言ってしまいがちですが、そこはグッと我慢。**失敗こそ次につなげるチャンス**だからです。

うまくいかなかったときは**「どうしたら良かったのかな？」と問いを投げ、まずは子ども自身に考えさせてみます。**すると、「予定を入れすぎたかもしれない。明日は減らしてみる」など、自分なりに対策を考えるようになります。

それでも**解決策が見つからなかったときは、「こうした方が良かったかもね」「こういうやり方もあるけど、どうかな？」とアドバイス**をしてあげましょう。そして、うまくできたら、褒める。3年生くらいでこのステップを踏めるようになると、**4年生以降に塾の勉強が始まったとき、自分で学習スケジュールを立てられるようになります。**

とはいえ、低学年の学校の宿題を中心とした勉強と塾の勉強とでは、学習量も中身も違ってきますので、最初は練習が必要です。なので、何年生までにこのステップにいなければならない、などと思い込まず、少しずつ練習していきましょう。**小さな我慢の積み重ねが、いつしか大きな自信につながる日は必ず来ます。**

第2章

親から信頼を得ている子どもはぐんぐん伸びる

「自分の予定を自分で決める」ことは、学習スケジュールを立てていく上で鍛えていきたい力ですが、実はもっと大きな意味があります。

関西にある大手進学塾に通う子の家庭教師をしていたときの話です。首都圏と比べて、関西の大手進学塾は通塾日が多く、また授業の後には自習室で勉強ができるなど、面倒見は格段上に感じます。例えばある塾では、メインの講師が教える授業の後に、チューターが夜遅くまで学習フォローをしてくれるなど、かなり手厚く指導してくれます。

ところが、その手厚さとは裏腹に、成績が伸び悩んでしまう子がいます。

それはなぜか――。

「こなすこと」が目的になるとアタフタ学習になる

その塾は難関校を目指す子が多く通っていました。首都圏と比べて関西は私立中高一貫校の数が少なく、難関校に至っては数が限られています。そのため、低学年のうちから受験のための「プレ塾」的な塾に通わせる家庭も少なくありません。

ところが、そういう**熱心な家庭の子どもの多くが、4年生になってその塾に通い始めると、じわりじわりと成績を落としていく**のです。

原因は「アタフタ学習」です。

その塾を批判したいのではありません。講師のトークスキルは高く、授業内容も充実していて、理解力の高い子どもにとっては、非常に魅力的に感じると思います。しかし一方で、「なぜそうなるのか分からないけれど、形通りに解けば答えが出るからいいか」と**解法の形だけを覚えてしまう**子が一定数います。そういう子は塾で習った類似問題は解けても、少し形の違う問題が出た途端、分からなくなってしまうのです。

そのような学習に陥ってしまう原因の一つに、**塾から与えられる課題が多すぎる**点があげられます。宿題の量が多い上に、宿題をちゃんとやってきたかのチェックも厳しい。それによって「ちゃんと宿題をやらなければ！」と意識するようになる子もいれば、形だけやって提出する子も出てきてしまうのです。

宿題とは本来、授業で身に付けた知識を使い、理解を深めるために行うものです。ところが、宿題の量が多い上にチェックが厳しいがために、宿題の内容を理解することよりも、**先生に叱られないように「こなす」ことが目的になってしまう**子が少なくありません。そういう子の答案を見ると、「問題文をよく読んでいない」「計算ミスが多い」「答案を埋めることに必死」など「アタフタ学習」の形跡があります。答案は全部埋めているのに、テストの点は半分も取れていないのです。

この塾に通う子に限らず、幼少期から塾に通い、たくさんの課題を与えられ、「出されたものは全部やらなければいけない」と言われ続けた子は、**宿題を終わらせることにいっぱいいっぱいで、「なぜそうなるのか」を考えずに、ただこなすだけの勉強になりがち**です。たくさん勉強をしているのに、成績が伸び悩むのは、まさにこのタイプの子どもたち。一度このループにはまってしまうと、なかなか抜け出せないので、最初が肝心です。

自由裁量権を与えられた子どもはあと伸びする

まず、親御さんは**「人よりたくさん勉強しなければ、難関校には合格できない」という思い込みを捨てる**ことです。生まれてからまだ10年そこそこの子どもに、努力や根性論は通用しません。もっと**子どものポテンシャルを信じた伸びやかな学習**を心がけましょう。

見た目が幼く、気持ちにもムラがある子どもっぽい子が、難関校にひょいっと合格することがあります。そういう子の共通点は、みんなのびのびしていることです。**人は自由があると、工夫をします。**幼少期にたくさん遊び、自由な時間をたっぷり過ごしてきた子は、エネルギーに満ちあふれ、好奇心も旺盛です。そういう子におもしろい計算のやり方を教えてあげると、「えー、なんで？ そんなやり方で解けるはずがないよ」と疑い、自分で解いてみようとします。同じ答えが出たときに「本当だ！ なんで？ なんでそうなるの？」と、とても不思議がります。そして、**自分なりにあれこれ考え始めるのです。こういう子は必ず伸びていきます。**

逆に早く答えを知りたがる子は、「解き方を教えて」と言います。そういう子は、「なぜ？」に興味がないので、勉強しても楽しいと感じることができません。**「受験のために我**

慢してやる勉強」になっているのです。

子どもには自由が必要です。中学受験の勉強には、身に付けなければならない知識や解法が膨大にありますが、ただその課題を与え、やらせるだけの勉強では伸びてはいきません。知識の定着には宿題は欠かせませんが、それをやったかどうかのチェックばかりに走ってしまうと、終わらせることが目的の勉強になってしまいます。

チェックが甘ければ、手抜きができます。実は、**中学受験で伸びていく子は、適度に手抜きができる子**なのです。出された宿題も「これは分かっているからやらなくていいや」「これはさっぱり分からないから、今やってもムリ。やーめた！」と**宿題の取捨選択ができる**のです。そして、「これは頑張ったら解けるかもしれないぞ。よし、やってみるか！」と、じっくり考えれば解けるかもしれない問題に集中する。そうやって、「あと少し頑張ればできそう」という問題を一つひとつクリアしていくことで、自信をつけていくのです。

77ページで、自分で予定を立ててみたものの、うまくいかなかった際に、できなかったことに触れる必要はないとお伝えしました。これも「できたか、できなかったか」のチェックに走らないためです。

親が決めたことをやらせた方が手間はかからないし、親が厳しくチェックした方がモレもないように感じると思います。特に幼少期はそう思うでしょう。しかし、長い目で見たとき、どちらが自走に近づくでしょうか？

親御さんからすると、まだ頼りなく見えるかもしれませんが、お子さんの力を信じて、任せてみましょう。**たくさんの課題を与えるよりも、自由裁量権を与えてあげた方が、子どもは「自分のこと」として考えるようになり、あれこれ工夫をしながら伸びていきます。**

第2章

わが子の自走をはばむ親のNGワード

子どもがうんと小さかった頃は、やれ寝返りを打った、やれハイハイができたと小さな成長に大喜びしていたのに、子どもが成長するにつれて、**「できるようになったこと」よりも「できていないこと」ばかり気になってしまっている**、なんてことはありませんか。

特に小学校に入ると、勉強に関してあれこれ言いたくなる親御さんが多いように感じます。その根底には、「わが子が将来の選択肢をたくさん手に入れられるように、勉強が得意になってほしい」という気持ちがあるからではないでしょうか。それは親としてごく自然な感情ですが、その思いが強くなりすぎると、**親である自分が何とかしなければと、過干渉になってしまい、あれこれ口出しをする**ようになっていきます。

しかし、親から渡された言葉が心に響くこともあれば、かえってやる気を削いでしまったり、勉強嫌いにさせてしまったりすることもあるのです。残念ながらどちらが多いかというと、後者です。

そこで、ぜひ封印していただきたいNGワードを3つ紹介しておきます。

NGワード❶「早く勉強しなさい！」

「早く勉強しなさい！　いったい、いつになったら始めるの？」

なかなか勉強を始めないわが子に言ってしまいがちなイライラ言葉です。しかし、こうしたトーンで言われると、子どもには親から叱られたことだけが印象に残ってしまい、**「勉強は嫌なもの」「我慢してやるもの」と感じるように**なります。

約束した時間になっても、すぐに行動に移せない子には、否定的な言葉で責め立てるよりも、選択権を渡すような声かけをする方が効果的です。

「勉強の時間になったけど、今始める？　それとも遊びを一段落させて15分後に始める？」

「夕食前に宿題をやっておく？　それともご飯を食べてからにする？」

このように、**選択肢を提示して、子ども自身に選ばせる**のです。そうすれば、「イヤイヤやらされている」と感じることはありません。

または**子どもの自尊心をくすぐる言葉がけ**もいいでしょう。

「あれ？　あなたは努力の天才なのに今日はどうしたのかな？」

「お母さん、いつもあなたが頑張っていること知っているよ」

少しわざとらしく感じるかもしれませんが、子どもは案外こういう言葉に弱いのです。

自走に向かわせる一番の近道は、勉強を嫌いにしないことです。親御さんが勉強を強制すればするほど、子どもは「勉強は嫌なもの」と感じ、勉強から遠ざかろうとします。早くやらせることよりも、完璧に終わらせることよりも、「勉強嫌いにしない」ことが大事。そう頭に入れておけば、親御さんの小言やイライラはグッと減るのではないでしょうか。

NGワード❷「あなたは○○だから、△△すべきよ」

「あなたは字が汚いから、もっとキレイな字を書かないと点がもらえないよ」
「あなたはいつも雑だから、計算ミスが多いのよ。もっと丁寧にやりなさい」

解き方は理解しているのに、字が汚かったり、雑だったりするために、つまらないミスをしてしまう。**親にとってガッカリなことを平気でしてしまうのが小学生**というもの。そこで、「今のうちになんとかしなければ！」とこのようなアドバイスをしてしまいがちですが、これも**子どもを勉強嫌いにしてしまうNGワード**です。

前半の「〇〇」はできていないことへの指摘、後半の「△△」はこうするべきという義務を表し、こんな言い方をされると、子どもは「自分は叱られている」と思って心を閉ざしてしまうのです。

だからといって、放っておくと直らないまま。そこで、伝え方を変えてみる工夫が必要になります。おすすめは、**「私はあなたに△△をしてほしい」と私を主語にしたアイメッセージで伝える**ことです。

「解き方は分かっているのに、計算ミスで×が付いちゃうのって悔しいでしょ？　お母さんも悔しいからもう少し丁寧に字を書いてほしいなぁ」

こう伝えるとどうでしょう。叱られているようには聞こえませんよね。アドバイスとして素直に受け入れてくれそうですね。

または、**正反対の言い方に変えてみる手もあります。**

「あなたはいつもスピーディーだから、もう少し落ち着いて書くといいと思うわ」

本心は「雑」だと思っていても、「スピーディー」という言葉に言い換えると、長所のように感じるので、言われてもあまり嫌な気持ちにはなりません。**同じ特徴を短所として伝えるのではなく、長所として伝えて気づかせる**のです。

ただ、こうした**気の利いた言葉は**、**親の気持ちに余裕がないと出てきません。**すぐに言葉が出るように、「短所↓長所」の言い換えワード集を作っておくのもいいですね。

NGワード❸「頑張れ！」

最後は「頑張れ！」です。

えっ？　なんで励ましの言葉なのに言ってはいけないの？　と思った人もいるかもしれ

ませんね。

確かに受験勉強も、その前段階の幼少期の「ちょっと我慢する力」を育むときも、頑張りが必要です。でも、**親に「頑張れ！」と言われれば言われるほど、子どもは自分が頑張っていないと責められているように感じてしまう**のです。つまり、「頑張れ」という言葉には、「今あなたは頑張っていないでしょ！」というニュアンスが含まれていることに注意が必要なのです。

そこにさらに「頑張らないとダメよ！」と言う親御さんがいます。こうなると、子どもは「頑張っていない自分はダメな子なんだ」と二重のダメージを受け、自分に自信をなくしてしまいます。

こういうときも言葉を換えたり、アイメッセージで伝えることを意識したりすると、受け止め方が変わってきます。例えば**「頑張る」を「努力」という言葉に換えてみる**のです。

「お母さんはもっとできると思っているよ。だって、あなたは努力の天才だもの」

こんな言い方を意識すると、「お母さんは僕のことを信頼してくれている」「僕ならできると思ってくれているんだ」と感じ取り、頑張ってみようという気持ちになります。

でも、**一番いいのは、すでに頑張っていることを褒めてあげること**です。たとえ「宿題は夕食の前にやる」という決まりどおりにはできなかったとしても、ちゃんとやったら「今日も頑張ったね」と子どもの頑張りを褒めてあげる。自分でやると決めたことが全部できなかったとしても、できたことに対しては「頑張ったね」と言ってあげる。この方が「お母さんはいつも忙しそうにしているけれど、僕が頑張っているのをちゃんと見てくれているんだ」と感じ、うれしい気持ちになります。

伝え方一つで、こんなに感じ方が違ってくるのです。わが子の自走を望むなら、まずは親御さん自身が子どもに渡す言葉を意識してみましょう。

第3章

「自走できる子」の親が家庭でやっていること

第3章

伸びる子の親は家で機嫌良く過ごしている

長年、家庭教師をしていると、最初の訪問でその子がこれまで家でどんなふうに過ごしてきたかがおおよそ分かります。

例えば算数の問題を解いたときに、その子が立てた計算式について「本当にこの式で計算したら答えが出そう？」と尋ねると、家でのびのびと過ごしてきた子は「うん、大丈夫！」と自信を持って答えます。それに対し、こちらが尋ねた瞬間に横にいる親御さんの顔をチラっと見て、表情が険しいのを感じると自信がなさそうに下を向いてしまう子もいます。こういう振る舞いを見せる子は、普段から親御さんの機嫌を気にして勉強をしたり、いい子を演じたりします。

中学受験で伸び悩むのは、この手のタイプの子です。親御さんが教育熱心で過干渉なばかりに、小さい頃からあれこれ言われて、**自分の行動に自信が持てなくなっている**のです。

幼少期の「なごやかな親子関係」が子どもに自信を与える

近年の中学受験の入試問題は、どの教科においても問題文が非常に長くなっています。また、子どもたちにとっては初めて見る内容の問題を出す学校も増えています。初見とはいえ、文章をよく読めば、「授業を受けているような感覚」で理解できるような問題構成になっているのですが、自分に自信が持てない子は、目の前の長い文章を見ただけで「ダメだ、こんな長い文章を読めないよ……」「こんなの習っていないから解けるはずがない」とひるんでしまい、最初の一歩が踏み出せません。

一方、幼いときから家でのびのびと過ごしてきた子は、「ひぇ〜、これは長い！」と驚きつつも、**「よし、まずは読んでみるか！」と前へ進みます**。「自分ならきっと答えを見つけることができるはず」、そう思えるからです。

その心の支えとなるのが、「なごやかな親子関係」です。

子どもにとって安全で安心できる環境とは、お父さんとお母さんがたいてい機嫌良くしている家庭であること。「なごやかな親子関係」には、家庭内の風通しの良さはもちろん、なごやかな親子の会話があります。家庭の中がそういう雰囲気であれば、子どもは親の顔色をうかがわずに、思いのまま話すことができます。おかしなことを言っても、怒られないし、笑って聞いてくれる人がいる。それだけで、子どもは安心するのです。

安心を手に入れた子どもは、外へと興味が広がっていきます。小さな子どもは、見るもの聞くものがすべて興味の対象になります。はじめは「おもしろいな、楽しいな」と思って見たり聞いていたりしていたことが、次第に「不思議だな、なぜだろう？」と知的好奇心に変わったとき、「なぜ？」「どうして？」という言葉があふれるように出てきます。

ところが、いつも親の顔色を気にしている子どもは、この「なぜ？」「どうして？」が聞けません。そんなことを聞いたら、お母さんが嫌な顔をするのではないだろうか、「そんなのどうでもいいこと」と突き放すのではないかと、不安が先走り怖くて聞けないのです。

子どもが「なぜ？」「どうして？」と聞いてくるときは、子どもが賢くなるチャンスです。親が答えられることであれば、答えてあげましょう。親にも分からなければ、親子で調べてみるのもいいし、「なんでだろうね？」と一緒に不思議がるだけでもいいと思います。

大事なのは、正解を教えることではなく、「よくこんなことに気がつけたね！　すごいね！」と子どもの視点を認め、褒めてあげること。そうすれば、「分からないことを不思議に思うことはいいことなんだ」「分からないことは、人に聞いてもいいんだ」と感じ取り、日常の中のさまざまなことに好奇心を持つようになります。そして、**「知らなかったことが分かるのは楽しい」と思うようになり、自分から学ぶ子になっていく**のです。

幼少期に生活や遊びの中で感じた疑問を親に無邪気に投げかけることができた子は、初めて目にする入試問題も、「どれどれ何が書いてあるのだろう？」と好奇心を持って読みます。分からないことはあって当たり前。でも、この文章を読めば何かが分かるかもしれない。そんな予感を自分の経験として持っているから、自信を持って読み進めていくことができるのです。

第3章

子どもの謎の行動をおもしろがれる

保育園の帰り、子どものズボンのポケットがやけに膨らんでいるなぁと思ったら、「ねぇねぇ、お母さん、見て！　今日ね、こんなにキレイな石を拾ったんだよ！」と得意げな顔で石を見せる。石、葉っぱ、虫……。大人からすると、「一体どうしてこんなものを……」というものを、集めてくるのが子どもです。また、集めたものを並べて眺めるのも好き。そんな子どもの行動を理解できないという親御さんもいるでしょう。特にお母さんにとって男の子の行動は謎が多いのではないでしょうか。

仕事と子育てに忙しく、毎日が綱渡りの家庭も多いことでしょう。家に帰ってきたら、まずは夕食の支度をしなければならないし、お風呂にも入れなければならない。たくさんのタスクを抱えているなか、どうしたらスムーズに事が運ぶか、頭の中はその段取りでいっぱいかもしれません。だから、子どもがリビングの床に石を並べていようものなら、思わず「そんなことやっていないで、早く片付けなさい！」と言ってしまう。その気持ちは分からなくもありませんが、お子さんの可能性を伸ばしていきたいと願うのであれば、**子どもの謎の行動をおもしろがれる親になってほしい**なと思うのです。

賢い子の親の共通点は「おおらか」で「程よい距離感」

多くのご家庭を見てきて思うのは「この子は本当に賢い子だなぁ」と感じるタイプの子どもの親御さんには共通点があります。それは、**お父さん、お母さんがどこかゆったりとしていて、お子さんとの距離感が絶妙なのです。** **子どもと自分は「別の人間」であるという感覚を大事にしている**ように感じます。

例えば子どもが集めた石を並べていたら、大人の都合で中断させることなく、「へぇ〜、よくこんなにたくさんキレイな石を見つけたね」と驚いたり、「この並んでいる順番は何か意味があるのかな？」と子どもの遊びに興味を持って質問をしたりします。

こんなふうに親御さんが関心を持つと、がぜん子どもは張り切ります。そして、お父さんとお母さんをもっと驚かせようと、おもしろいことを考えようとします。そのとき、子どもの頭の中は「こうしたらどうかな」「これをこっちに動かしてみたらどうだろう？」とフル回転。**ワクワクしながら、自然と思考力が鍛えられている**のです。

それをまた親御さんがおもしろがって見る。「あなたって本当におもしろいことを考えるわね。アイデアの天才だわ！」と、尊敬に近い眼差しで見ているのです。

すると、子どもは「こっちにあるのはツルツルしている石だよ。こっちは先が尖っている石。これは光を当てると緑色に見えるよ」など、まるで石博士のように得意になって説明をしてくれます。そうやって**人に伝える経験をすることで、表現力が豊かになり、文章の**

組み立て方も上手になっていくのです。

近年、中学入試は思考力や表現力を求める問題へ変わってきています。知識を覚え、演習をくり返す従来の受験勉強と違って、こうした内容の対策は難しいと思われがちですが、**上手に力を伸ばしていくご家庭は取り立てて何か対策をしているようには感じません。**ただ、親御さんがお子さんの興味に関心を持って、機嫌良く話を聞いたり、「なんで？」「どうして？」と知りたがったり、「なるほど！」と驚いたりしているだけ。

たったこれだけで、お子さんの力がぐんぐん伸びていくのなら、多少部屋が散らかっても、家事が中断してしまってもいいのではないでしょうか。目の前のタスクを消化していくことよりも、今大切にしてほしい時間があります。どうかお子さんが夢中になっていることを「またおもしろいことやっているな」とおおらかな気持ちで見守ってあげてください。その時間が将来、必ず生きるときが来ます。

第3章

忙しくても1日30分、子どもと向き合う

「共働きで中学受験をさせるのは難しいでしょうか？」

近年、よくこのような質問を受けます。

かつて私たちが訪問するご家庭のほとんどが、お母さんは専業主婦でした。変化が出てきたのは、ここ10年ほどでしょうか。女性が働くことが当たり前の世の中になり、今は共働き家庭からの依頼の方が多いように感じます。

結論から言うと、共働き家庭だからといって、不利に働くことはありません。むしろ、**子どもと一定時間、離れることで過干渉になりにくい**というメリットがあります。子ども

にいろいろやってあげたい気持ちはあるけれど、仕事があり物理的にできないことで、かえって割り切れていいのではないでしょうか。なので、**自分が仕事をしているから、お子さんのサポートが十分にできないのではないかと、不利に思ったり、後ろめたく感じたりする必要はまったくありません。**

ただ、仕事に、家事にと今の親御さんは時間に追われて忙しい。そのため、お子さんとじっくり向き合う時間が持ちづらいのも事実です。そこでおすすめしているのが、**1日30分、家事や仕事の手を緩めて、「子どもと向き合う時間」を作る**というものです。

別の作業をしながら子どもの話を聞こうとすると、話を適当に聞いてしまったり、なかなか話が進まないもどかしさから、「それで?・」「だから?・」と子どもの言葉を急かしてしまったりしてしまいがちです。すると子どもは、「お母さんは私の話を聞いてくれない」と寂しい気持ちになり、「忙しそうだから話すのをやめておこう」と気を使って、自分から話すのをやめてしまいかねません。

親が先走らず、子どもが話すのをのんびり待つ

1日30分の「親子タイム」は、お子さんの話を聞くことにだけ集中してみましょう。そのとき、「今日は何をしたの？」「それでどうだったの？」と質問攻めにしないこと。言葉がうまく出てこなくても、**まずはお子さんの言葉を待ってあげて**ください。

家庭訪問のとき、よくお子さんに質問をしているのに、代わりに答えてしまう親御さんがいます。そういうご家庭のお子さんは、自分のことを聞かれているのにどこか他人事のように聞いているところがあります。そういう子は、自分で考え、相手に伝えるという経験が乏しく、中学受験の勉強でも伸び悩む傾向があります。

「親子タイム」では、**お子さんの保育園の様子や学校の話を中心に聞いてみる**のがいいで

しょう。親御さんが興味を持って聞いてあげると、「お母さんは私のことをいつも気にかけてくれている」「僕の話をおもしろがって聞いてくれる」と受け止め、話すことが楽しいと思うようになります。

または、**何かテーマを決めて親子で話をするのもいい**と思います。例えば「今日は何の日？」と聞いてみるのもおもしろいかもしれません。１年３６５日には祝日をはじめ、数字の語呂合わせでいろいろな記念日があります。

「２月22日は何の日だと思う？」

「ニーニーニー、うーん……なんだろう？　あ、分かった！　ニャーニャーニャーでネコの日だ！」

なんて盛り上がりそうですね。

テーマを決めるといっても、難しいことを話す必要はありません。ただ、毎日同じような会話にならないように、ときどき変化をつけるのがいいかなと思います。

そうやって、とにかく**1日30分でいいので、お子さんと会話を楽しむ時間を作る**ようにしましょう。「お母さんは僕の話をちゃんと聞いてくれる」という安心感があれば、たとえ一緒にいる時間が短くても寂しい思いをすることもなく、親子タイムで自然に言葉や知識を吸収していきます。

第3章

キョロキョロまわりを見る子は発見が多い

保育園や学童の帰り道も親子のおしゃべりタイムにもってこいです。「早く食事の支度をしなければ」と車や自転車でお迎えに行く親御さんも多いと思いますが、もし歩ける距離なら、歩きながらおしゃべりすることをおすすめします。

子どもと大人では身長の差があり、見える景色が違います。小さな子どもは、地面を歩いているダンゴムシや葉っぱの陰に隠れている生き物を見つけるのが得意です。大人の視線では気づかないものを見つけ、あっと驚かせます。そういうときは、「よくこんな小さな虫を見つけたね。すごいね！」と子どもの発見を褒めてあげましょう。そうすると、子どもは「よし！　もっとおもしろいものを見つけるぞ！」とまわりをキョロキョロ見るようになります。そして、また新たな発見をするのです。

子どもの目線から離れているものは親の声かけで気づかせてあげる

一方、子どもの目線より高いところや遠くにあるものは、見えているようで気づいていないことがあります。そんなときは「あの雲を見て。くじらのような形をしているよ」とか「まだ空が明るいのにもうお月様が出ているね」など声をかけて、子どもの視線を遠くに向けてあげましょう。そのときに、雲の流れや月の満ち欠けなど理科的な知識を教えてあげなければ！と肩ひじを張る必要はありません。**親御さんが見て感じたことをそのまま口にするだけで十分**です。そのひと言があるだけで、子どもの視界はグンと広がります。

毎日同じ道を歩いていると変わり映えしないとおっしゃる親御さんもいますが、毎日同じ道を歩いているからこその発見もあります。よく私たちがおすすめしているのは、定点観測。例えば家までの帰り道にある公園や空き地など、**場所を1カ所決めて、毎日必ず親子で観察してみる**のです。すると、冬には何も咲いていなかった場所が、春になると一斉に花が咲き出し、夏になると雑草がニョキニョキと生え、秋になると葉が色を赤く染め……と季節の変化を体感することができます。そのときに、「今日は風が暖かいね」「春らしい陽気になってきたね」「ジメジメしているね」「カラッと晴れて気持ちいいね」など、**季節や天気を表す言葉をかけてあげると表現力も豊かに**なります。

幼少期にこうした経験がある子は、そのときはぼんやり聞いていても、大きくなってふとしたときにその光景を思い出したりすることがあります。

数年前、ある難関校で「どうして月がついてくるのか」というテーマの入試問題が出されたことがあります。確かに、夜道を歩きながら月を眺めていると、どこまでも月がついてくるように感じますよね。これは月が地球から遠くにあるために起こる目の錯覚です。

　このような問題が出たときに、実際に月を見てきた子は「そうそう、お月様ってついてくるんだよなぁ」と自分の体験として思い出し、正解への糸口を見つけることができますが、何も気にせずに過ごしてきた子は「えっ？　どういうこと？」と何を聞かれているのかさっぱり分からなかったりするのです。

　私たちの身の回りにある自然現象は、小さい子どもには理解が難しいかもしれませんが、本格的な勉強が始まると、「あ、あのときのあのことか！」と自分の経験と新しい知識とが結びつくこともたくさんあります。**「感覚の記憶」があればあるほど、「あ、それ知っている！　そうか、そういうことだったんだ！」とまるでクイズの答え合わせをしているようなワクワク感を体験する**ことができます。そういう子にとって、勉強はとても楽しいものなのです。そう思えるようになれば、子どもはどんどん自走していきます。

第3章

子どもと大人の本は一緒に並べておく

子どもが本好きになってほしい――。多くの親御さんはそうおっしゃいます。理由は「本をよく読む子」＝「頭のいい子」というイメージがあるからではないでしょうか。実際、私たちの経験から見ても、**本をよく読む子は総じて賢い子が多い**ように感じます。

親が本好きだと子どもも本が好きになる

子どもは親御さんの何気ない行動をよく見ています。なんせ子どもにとって親は「世界の動向」に匹敵するくらいの存在ですから、気になるのは当然です。それと同時に、親御さんが楽しそうに何かに取り組む姿を興味深く見ています。そして、「すごいな」「かっこいいな」と憧れの気持ちが膨らみ、真似してみたいと思うようになります。

例えばお父さんがプラモデル好きだと、子どもも、もの作りに興味を持ちます。お母さんがよくご機嫌で鼻歌を歌っていると、子どもも歌を歌うことが好きになります。

同じように、親御さんがよく本を読んでいるご家庭のお子さんは、自然に本を読む習慣があります。そういうご家庭にはリビングに本棚があり、難しい専門書の横にきれいな画集があったり、料理の本があったり、子どもの本があったりと、**家族の本が一緒に並んでいます**。一見ちぐはぐに見えるのですが、こうした雑多な並べ方が実はとてもいいのです。

子どもは、お父さんとお母さんがどんな本を読んでいるか気になります。手に届くところにあれば、開いてみることもあるでしょう。本を開いたものの、英語で書いてあったり、漢字がいっぱいあったりして読めないことの方が多いのですが、「へぇ〜、大人になったらこんな本が読めるようになるんだ」と憧れを抱いたり、「この写真きれいだな。どこの国だろう？」と興味を持ったりします。こうした気持ちが学びの意欲へとつながっていくのです。

一方、「うちの子、本を読まないんです」と相談される親御さんの中には、ご自身があまり本を読まないケースが少なくありません。親に読書習慣がないのに、子どもには「たくさん本を読んで賢くなってもらいたい」というのは、少々虫が良すぎるように感じます。

「子は親を映す鏡」という言葉があるように、**お子さんに本を好きになってもらいたいと願うのなら、まずは親御さんが本を読む習慣を身に付ける**ようにしましょう。毎日じゃなくてもいいのです。ときどきでもいいから、本を読む。まずはそこから始めてみましょう。すると、次第にお子さんも本に興味を持つようになります。

第3章

「揃えて安心」ではなく「どう使うか」を重視

「中学受験をさせたいと思っていますが、今から用意した方がいいものは何ですか？」

近年、低学年向けの教育セミナーでよく挙がる質問です。お子さんの将来に備えて、今できることをやっておきたいという親御さんの気持ちは分かるのですが、「ああ、ここにも**アタフタ予備軍**がいるな」と、ちょっと心配になります。そういう親御さんに「これはいいですよ」なんて言おうものなら、すぐに買いに走るのが目に見えているからです。

確かに、今の時代はいろいろな知育玩具が開発され、「これはおもしろいな」「これを小さい頃から使っていたら、頭の体操になりそうだな」と思うものがたくさんあります。図鑑一つとっても、「比べる」などのテーマ性があったり、ＤＶＤと連動して音や映像を確認できたりするなど、かなり進化しています。このように、今の時代は「あったら良さそうだな」と思うものがいっぱい市販で売られています。

しかし、**「揃えて安心」では宝の持ち腐れ。大事なのは、それを「どう使うか」**です。

図鑑や地球儀はすぐ手に取れる場所に置く

知育玩具や図鑑、地球儀など「あったら良さそうだな」と思うものは、使い込んでこそ意味があります。たくさん与えすぎて、飽和状態になってしまっては、問題集をたくさん揃えて親の不安を埋めようとするのと変わりません。

大切なのは、お子さん自身が興味を持って自発的に取り組むことです。いっぺんにたくさんのものを与えるのではなく、一つか二つ用意して、お子さんがどんな反応を見せるか、まずは観察してみましょう。そして、お子さんが興味を持ったものはどんどんやらせて、「熱中体験」をさせてあげてください。

一方で、ただ置いてあるだけでは、お子さんが興味を持って自ら使うようになるとは限りません。例えば、図鑑や地球儀は棚に仕舞い込んでしまうのではなく、リビングの机の上やテレビのすぐそばに置いておいて、関連する話題が出たらすぐに手に取れるようにしておきましょう。

例えばテレビで野球中継をしていたら、「ＷＢＣの決勝戦はアメリカのマイアミで行われるんだって。マイアミのあるフロリダ州ってどこにあるんだろうね？」と問いかけ、お子さんと一緒に調べてみる。そうすると、「ああ、日本からこんなに離れているんだね。だから時差があるんだね」と話を広げていくことができます。何よりも何かを調べたり、新しいことを知ったりすることが好きになります。

第3章

適度な生活音と散らかり具合が子どもを安心させる

昔と違って、今は子どもの数が減少しているからか、小さい頃から「自分の部屋」を持っている子どもが多いように感じます。部屋を見せてもらうと、立派な勉強机と本棚が置かれていて、一見、素晴らしい学習環境のように見えます。しかし、小学生は、子ども部屋で一人にして勉強させるのはあまりおすすめしません。

私たちは家庭教師として多くのご家庭を訪問しますが、**小学生の学習は子ども部屋ではなく、親御さんの目が届くリビングでする**習慣をつけるようにお願いしています。実際、私たちもリビングで学習指導をしています。

まず、子ども部屋は誘惑が多すぎます。オモチャ、ゲーム、漫画などに囲まれていたら、どんな子でもそちらに気を取られます。「宿題をやっておきなさいね」と子ども部屋に行かせ、しばらく経ってから様子を見に行くと、漫画を読んでいたなんてことはよくある話。そのくらい、**子ども部屋で学習習慣を身に付けるのは難しい**ものなのです。

家族がいるリビングでは人の声がして集中できないのではないか、という声も聞きます。確かにテレビがついていたら集中できないので消す必要はありますが、お母さんが夕食を作る音や鼻歌は集中力の妨げにはなりません。むしろ、**生活音がある方が子どもは安心し、集中して取り組めます。**

それに、勉強机よりもリビングのテーブルの方が大きいので、プリントなども思いっきり広げられるし、音読もお母さんに聞いてもらえます。お母さんは家事の手を止めることなく、ただ聞いていればいいのですから一石二鳥です。

大人仕様のリビングは子どもにとっては居心地が悪い

ただ、子どもにとって居心地のいいリビングと居心地の悪いリビングがあります。多くのリビングルームを見てきて、私たちがいいなと思うのは、**子どものものがある程度散らかっているリビング**です。例えばソファの横のテーブルの上に、子どもの本や子どもが好きな鉄道の時刻表が無造作に置かれていたり、子どもが集めた瓶の蓋や古いネジなどが箱の中に入っていたりしているのを見ると、「ああ、この子はのびのびと育っているんだろうな」と安心するのです。

逆に高価な調度品が多数置かれていたり、子どもが触ったら叱られそうな立派な壺がドーンと飾ってあったり、または余計なものがまったくないスタイリッシュな大人仕様の空間になっているリビングの家庭では、子どもはあまりイキイキしていないように感じます。そして、そういう家庭の子は、なぜか成績も伸びにくいのです。

隅々まで神経質なまでに整理整頓が行き届いている家の子どもも同じことがいえます。むしろ**「親御さんは頑張って片付けているのに、子どものエネルギーが強すぎて片付け切れないんだな」と思えるリビングの方が、子どもの成績はいい**のです。

「断捨離」は子どもの好奇心を奪う

いわゆる**「断捨離」は、子どもの発達にとって良くない**と感じます。大人からすると、キレイに片付いている部屋の方が気分はいいと思いますが、子どもにとっては刺激がなさすぎるのです。子どもというのは、過剰なものに反応します。本棚に並べきれずあふれてしまった本や、道具箱に収まりきれずにリビングに転がっているものに、「どれどれ何の本なんだ？・」「この金具何に使うんだろう？・」と興味を持つのです。そうやって、自分の目で見て、触って、自分の記憶として残っていく。

男子御三家の一つ、武蔵中の理科入試では、毎年「おみやげ問題」というユニークな問題が出題されます。受験生には問題用紙だけでなく、小さな封筒が渡され、その中に形の違う2種類のネジが入っている年もあれば、画びょうやファスナー、またはみかんなどが入っている年もあり、試験が終わったら持ち帰れることから「おみやげ問題」と呼ばれています。

例えば、2種類のネジが入っていた年は、こんな問題が出されました。

「袋の中に、形の違う2種類のネジが1本ずつ入っています。それぞれのネジについて、違いが分かるように図をかき、その違いを文章で説明しなさい。ただし、文字や印、傷などは考えないことにします。（試験が終わったら、ネジは袋に入れて持ち帰りなさい。）」

（2017年度武蔵中 理科の大問3より）

問題はとてもシンプル。図に関しても、図工ではないので、立体的に模写したり、陰影をつけたりする必要はありません。2種類のネジの違いを正確に伝えればいいのです。

「おみやげ問題」には、武蔵中の学力観・教育観が凝縮されています。入試のその場で、本物を観察して考察する。これまでの学習や経験と照らし合わせて、気づいたこと考えたことを述べればいいのです。そのようなことを「楽しい！」と感じられる子こそ、武蔵中で学ぶのにふさわしいというメッセージが込められているように感じます。

キレイですっきり片付いているリビングは、子どもにとっては刺激が少なく、工夫するという気持ちが湧いてきません。例えば古いネジや配線の材料の切れ端などがずっとためてあって、何かを作る際にふと、「確かああいうものがあったような。あれが使えないかな」と思い出して、活用してみる。そういう工夫が子どもの脳を鍛えるのです。

大人からするとムダに見えるようなものも、子どもにとっては大事なもの、いつか役立つものになるかもしれません。

リビング学習は照明と机の高さに要注意

リビング学習は、子どもの「心の安定」には適していますが、学習環境としては必ずしも適しているわけではありません。ダイニングテーブルは本来食事をするための机であり、学習机ではありません。そのため、机と椅子の高さが合わなくて、姿勢が悪くなることもあります。**高さが合わない場合は、椅子の下に何かを敷いたり、足の踏み台を置いたりして、足がぶらぶらしないように**しましょう。

また、リビングの照明は、大人がリラックスできるように落ち着いた明るさの照明になっています。くつろぐにはいいのですが、勉強するには暗すぎてしまうのです。

勉強に適した照明は昼光色です。一部だけを照らすスタンドを用意するのも効果的ですが、部屋全体の照明で調整できないか検討しましょう。おすすめはLED照明で、ボタン一つで勉強中は昼光色、食事のときは昼白色、家族団らんタイムは電球色といったように調整することができます。リビングは家族みんなの共有スペースなので、みんながストレスを抱えない空間であることが大事です。

ときどき窓を開けて、自然の風を感じることも大切

夏の暑い日や冬の寒い日は、一日中エアコンや暖房をつけて過ごすことが多くなります。その方が快適で、勉強もはかどりそうですよね。しかし、その考えをちょっと見直していただきたいのです。

人間は変化のない空間にずっといると、身体感覚が育ちにくくなります。暑かったり、寒かったりといった肌感覚がないと、身体感覚が鈍り、いろいろなことに興味を示さなくなってしまうのです。**小さい子どもにとって、「好奇心は宝」**です。**快適すぎるリビングは、五感を鈍らせてしまう**ことをぜひ知っておいていただきたいと思います。

ときどき窓を開けて、自然の風を感じるようにしましょう。特にタワーマンションの高層階にお住まいの方は、窓が十分に開けられないこともあります。気分転換に外に出て散歩をするなどして、できるだけ自然を感じる機会をつくりましょう。

第3章

「学ぶ」ことが好きになる理想のリビング空間

次のページのイラストは、
おすすめのリビング空間です。
ポイントをまとめてみました。

「学ぶ」ことが好きになる理想のリビング

【子どもの作品】リビングの壁にお子さんの最新の作品を張っておきます。常にお子さんの新しい作品を飾ると、家族の目に留まって話題に出やすくなり、今のお子さんの表現を認める機会が増え、自己肯定感を高める上で効果的です。

【世界地図・地球儀】テレビのニュースなどで出てきた地名の場所をすぐに調べることができます。地図は張って眺めるだけでなく、**行ったことのある場所に印をつけておく**と、「もっといろいろなところに行ってみたい」と子どもの好奇心を刺激します。

【本棚】リビングは家族の共有スペースであると同時に、お客さまを招く場所でもあります。そのため、ついインテリアに映えそうな本を置きがちですが、**子どもの興味を広げたいのなら、親御さんの仕事の本、趣味の本、雑学本、画集、図鑑などいろいろな本を置いておきましょう**。子どもがすぐ手に取れる場所に置いておくのもポイントです。

【ホワイトボード】家族の予定を書き込んだり、子どもの学習の振り返りをしたりするのにおすすめです。「今日、学校でどんなことを習ったの？○○先生教えてくださ〜い!」と、**子どもに先生役を頼むと、張り切って教えてくれます**。これが復習になります。

【机】ダイニングテーブルは広々としているので学習するのにおすすめですが、他の家族が使う場合もあります。そういう場合は、リビングに子ども机を持ってくるというのもいいでしょう。**子どもは声が届くところや見えるところに家族がいる方が安心し、集中して勉強できます**。

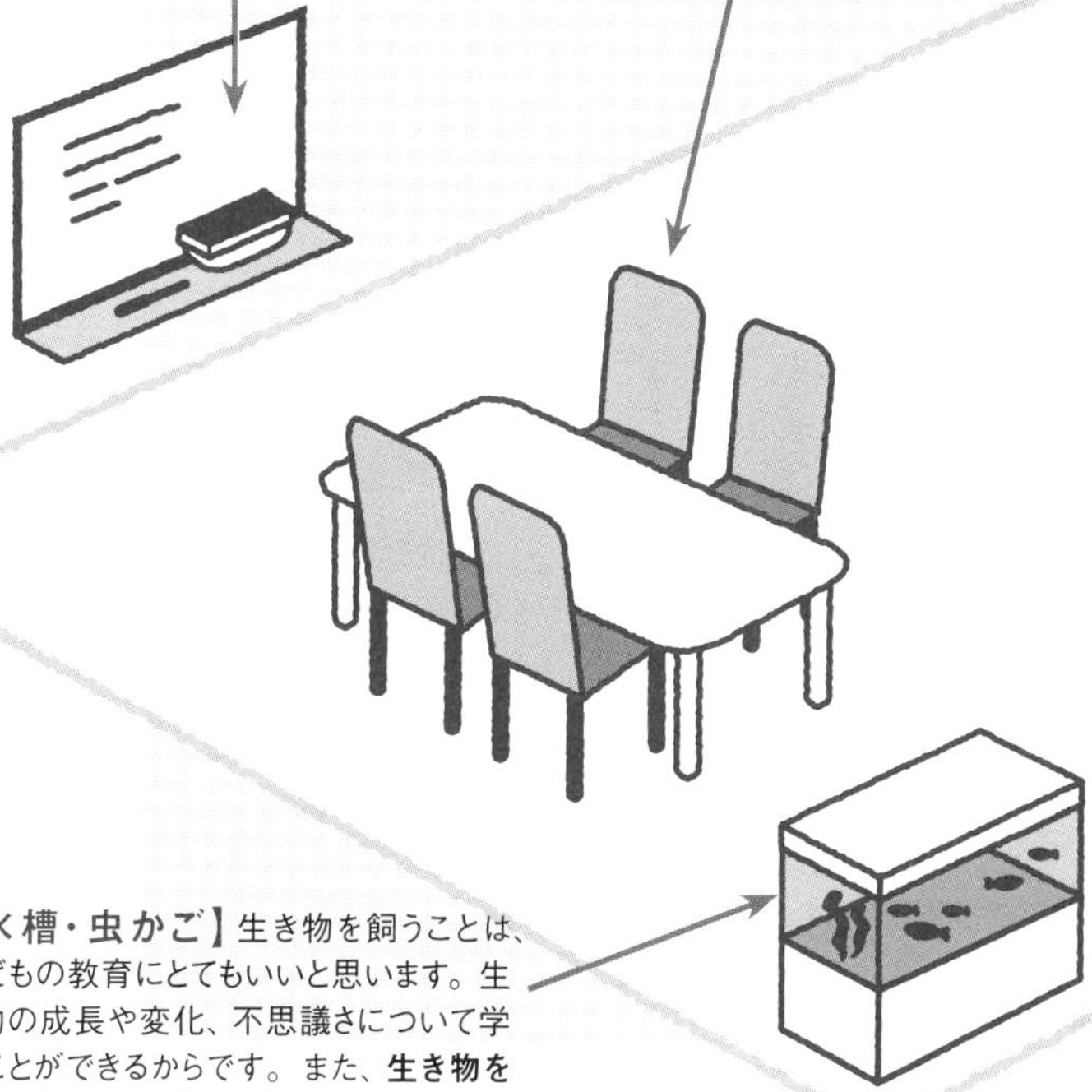

【水槽・虫かご】生き物を飼うことは、子どもの教育にとてもいいと思います。生き物の成長や変化、不思議さについて学ぶことができるからです。また、**生き物を飼うことで、子どもは責任感を持って世話をするという貴重な経験**ができます。

第3章

キッチンは学びの宝庫 お手伝いで賢くなる

親御さんが毎日キッチンで食事の支度をしているとき、お子さんはどこにいますか？

「危ないからキッチンに入らないで」「お母さんがご飯の支度をしている間に宿題を終わらせておきなさい」などと言って、お子さんをキッチンから遠ざけていませんか？

だとしたらもったいない。なぜなら、**キッチンは子どもにとって学びの宝庫**だからです。

火を使っているときに子どもがそばにいて心配であれば、**調理前の食材を触ることから始めてみるといい**でしょう。

幼児でもちゃんと教えれば、包丁で野菜を切れるようになります。スーパーで売られている野菜も、実際に家で切ってみると中が違う色だったり、種がいっぱい出てきたり、スジがあったりといろいろな発見があります。

また、一匹の魚から切り身、開き、お刺身などになることを、料理を見ることで学べます。

キッチンにはいろいろな「単位」が出てくる

小学生の中には、体積が苦手な子が少なくありません。**体積が苦手な子は、たいてい「かさの感覚」が分かっていない**のです。**「かさの感覚」もキッチンで学ぶことができます。**

例えば１ℓの牛乳パックが、２００mℓの計量カップで水何杯で満タンになるでしょう？

かさの感覚がない子に聞いてみると、平気で「10杯！」なんて答えが返ってきます。実際に水を入れてみる経験をしてはじめて、「あれ？　５杯でいっぱいになっちゃった」と、体積の感覚がつかめるようになります。

料理にはいろいろな単位が出てきます。牛乳１パックは１０００㎖、生乳１００％使用、豚肉３００ｇ、エネルギー２５０キロカロリー、保存方法マイナス18℃以下など。これらの意味は分からなくても、世の中にはさまざまな単位があり、色んなものが量られていて、体積はそのうちの一つだということを知っておくだけでもいいでしょう。

溶ける、固まる、色が変わる！　料理は科学そのもの

小学生になったら、火を使う料理のお手伝いをさせてみましょう。低学年のうちはまだ子どもだけには任せられないので、親御さんと一緒にやってみます。

料理は科学そのものです。野菜には水に浮かぶものと沈むものがあります。水よりお湯の方が砂糖は溶けやすく、塩をかけると野菜から水が出て小さくなります。卵は熱すると固まっていきます。ナスは加熱すると色が変わります。

こうした現象や変化を自分の目で見てきた子は、本格的な勉強が始まったときに、「あ、あのことね」と自分の身体感覚で理解することができます。経験してこなかった子は、「とりあえず、そうなるらしいから覚えておこう」と暗記に走ることになります。**暗記に走ると、たいていの勉強はつまらないものになってしまいます。**

近年の中学入試では、魚の形や野菜の断面図など、料理に関する問題がよく出てきます。中にはカレーライスの作り方を聞いてきた学校もありました。こうした問題を出す学校側の意図に、「あなたはちゃんと家のお手伝いをしていますか？」「身近なものに関心を持っていますか？」というメッセージが込められているように思えてなりません。

キッチンには学びがたくさんあります。また、料理には段取りが必要です。段取りは、先を読み、効率的に進めていく力を養っていきます。こうした力は受験勉強でもビジネスでも役立つものです。ぜひ、お子さんを料理のアシスタントとして育てていきましょう。

「買い物」で社会と算数に強くなる

買い物も学びのいい機会です。宅配を利用している方も多いと思いますが、時間があるときに一緒にお店をのぞいてみましょう。学びの教材がいっぱいです。

スーパーでは食品に産地が明記されています。しかし、幼児や低学年はまだ漢字が読めないので、誰かが声かけをしてあげないとそれに気づきません。「この魚は長崎県でとれたんだって」「こっちはインドネシアという国から来たみたいよ」「同じ魚なのに値段が違うのはどうしてだろうね？」「ぶどうは山梨県でとれたものが多いね。あれ？　桃も山梨県だ！　山梨県は果物がいっぱいとれるんだね」といった感じで、**親御さんが言葉にしてあげると、「へぇ、そうなんだ」と子どもは反応します。**

その場で詳しい解説をする必要はありません。日本で作っているもの、外国から届いたものなど、ざっくりと分かるだけでもいい体験になります。

もしお子さんが「インドネシアってどこ？」と興味を示したら、あとで一緒に地図で確認してみるといいでしょう。そのときに「インドネシアではどんな料理を食べるんだろうね」「どんな国旗だっけ？」など親子で一緒に調べてみるのも楽しいと思います。

大事なのは「勉強モード」にしないことです。

お小遣いを定額制にすると、自分で考え選択する練習になる

買い物では値段の違いやおつりのやりとり、セールの日や「割引クーポン」など、どれも良い学び教材になります。近年はキャッシュレス化が進み、現金を持たない親御さんは少

なくありませんが、**お子さんと一緒にいるときは、ぜひ現金で支払うようにしてみてください。**その方が「お金の感覚」を身に付けられるからです。

お子さんにも現金を使う練習をさせてください。「十円玉が10個で１００円」「百円玉で70円の買い物をすると、おつりは十円玉が３つになる」といった感覚を実際のお金を使って体感させるのです。「十円玉10個と百円玉１個は同じ」ということが理解できるようになると、のちに学ぶ10進法も理解しやすくなるでしょう。

お小遣いは「必要なときに必要な額だけ」というご家庭も多いと思いますが、「１カ月５００円」など定額をあげて、子どもの好きなように使わせるのも良い学びの機会になります。「５００円で何個のお菓子が買えるのかなぁ？」「８００円のおもちゃを買うには、あと３００円必要だ。今月は使わないで我慢しよう」などと考え、自分で決める経験をすると、**自分のことを自分で決められる子になります。**これは自走力を育む上で大切な経験です。

セールやクーポンは、「○割」「○%」といった比・割合の理解につながります。クーポンをためると割引されお得になることや、「たくさん買うと1個あたりの値段が安くなる」ことを教えてあげましょう。幼児や低学年の子どもに「○割」「○%」の意味を教え込む必要はありません。ただ、「『○割引き』とか『○%オフ』と書いてあると、安くなるんだな」ということが分かるだけでもいいと思います。こうしたちょっとした経験が学びの土台となっていきます。

第3章

難問に立ち向かえる子は「成功の予感」を持っている

難関校の入試問題は、大人でも驚いてしまうほど、とても長い文章で構成されています。その中には、自分が今まで見たことも聞いたこともない内容が書かれていたり、複雑な条件が散りばめられていたりと、とても難しいものに感じます。こうした難問に立ち向かって、合格を手に入れられる子と、手に入れられない子には決定的な違いがあります。

合格する子は「成功の予感」を持っているのです。「自分ならきっと大丈夫」と、自分を信じられる子は、たとえ合格の可能性が50%と五分五分だったとしても、入試本番でものすごい集中力を発揮し、合格してしまう確率がとても高いのです。

では、どうしたらそんな自信が生まれるのでしょうか。

やはり、幼少期の過ごし方が大きく影響していると、私たちは確信しています。

「身体感覚」は五感を使った経験で培われる

自分を信じられる子どもは、勉強するときに「そうか！」「なるほど！」と全身で感じられるところまで知識を落とし込んで、納得して理解をしているのが特徴です。

例えば「３００ｇの12%は○ｇです」という問題があったとします。そのとき、塾で習った公式を丸暗記してきた子は機械的に３００×０・１２という式を頭に思い浮かべます。

一方、幼いときからキッチンでお手伝いをしてきた子なら、自分の身体感覚として、３００ｇという大きな量のうち０・１２倍がどれくらいの重さなのかを聞かれているのだと、具体的にイメージすることができます。

そして「３０００の０・１２倍ということは……、つまり、３００gの10分の１よりちょっと多いくらいなんだな」と、親御さんと一緒に料理を作ったことなどを思い出しながら、考えを進めていきます。このように、**自分の確かな感覚があるから、「よし！　これは正解だ！」と確信できる。**その確信が一つひとつ、成功体験として蓄積されているから「自分ならきっと大丈夫」と思えるのです。

人生経験がまだ乏しい小学生の子どもは、**自分の身体感覚をたよりに物事を考えます。**しかし、経験がなければそれができません。身体感覚を育むには、幼少期のうちに子どもにさまざまな経験をさせることです。泥団子を作ったり、ブランコをこいだり、水遊びをしたり、友達とけんかをしたり、仲直りをしたり、スーパーに買い物に行ったり、野菜を切ったり、調味料を量ったり、重いものを運んだり、キャンプで火をおこしてお湯を沸かしたり、草花の匂いをかいだり……。こうした五感を使った経験が、算数にも理科にも、国語にも社会にも、すべての学びのベースになっていきます。

最後に勝つのは「自分ならきっとできる」という自信

幼少期にさまざまな体験を楽しみ、身体感覚を培ってきた子は、どんな難問を前にしても、「きっとこの中に何か手がかりが書かれているはずだ」「自分ならきっと答えを見つけられるはず」と信じて、問題を粘り強く読み進めていく力を持っています。それを支えるのは、「あなたが楽しいと思うことをとことんやっていいよ」「失敗してもいいからやってごらん」とおおらかな目で見守ってくれる「なごやかな親子関係」です。


「おもしろいものを見つけたね！」

「こんなことを考えちゃうなんてスゴイね！」

「頑張ってできるようになったね」

「手伝ってくれてありがとう。助かったよ」

こうした親御さんからの温かい言葉や励ましが、小さな成功体験として積み重ねられていき、「僕ならきっとできるはずだ」と**自己肯定感に裏づけられた「成功の予感」**をもたらします。そして、**本番で大きな力を発揮することができる**のです。

第4章

中学受験に必要な「学力の土台作り」

―言葉・計算編―

第4章

低学年までに身に付けたい「国語と算数」の基礎学力

幼児期・低学年のうちに身に付けておきたい力は大きく2つあります。それは**「国語・算数の基礎学力」**、そして次章で触れる**「実体験」**です。

基礎学力においては、特に**「言葉」**と**「計算」は苦手にしないことが大切**です。このスタート地点で苦手意識を持ってしまうと、その後の学力も伸びにくくなってしまいます。先取り学習をする必要はまったくありませんが、学年相応の「漢字と計算は完璧」と自信を持たせておくことは大事なポイントです。そこさえ抑えておけば、あとは何も心配する必要はありません。

そこでこの章では、「言葉」と「計算」を苦手にしないために、入塾前までに身に付けておいてほしい基礎学力の養い方について、お伝えします。

国語と算数の基礎学力を養うにあたり、基本的には、**日常の遊びの中でできることがたくさんあります**。どのような力を養うべきかが分かれば、やみくもに先取り学習をさせたり、習い事で1週間のスケジュールをいっぱいにしたりといった**「先回りしすぎ」「与えすぎ」の子育てを回避できる**はずです。

第4章

頭のいい子になる第一歩は正しい鉛筆の持ち方から

「勉強はいつから始めたらいいのでしょうか？」

よく未就学児のお子さんを持つ親御さんからこのような質問を受けます。この場合、何をもって「勉強」というのかにもよりますが（遊びやお手伝いも大切な学びだからです）、いわゆるドリルを使った学習は、小学校の勉強が始まってからでも十分だと私たちは考えています。

ただ、その前の段階として、**手を動かす習慣を身に付けておくことをおすすめします**。まずはクレヨンで絵を描いたり、ぐるぐる線を書いてみたりというところから始めてみましょう。

字に興味を持つようになったら、鉛筆を持つ練習をしていきましょう。まだ幼いからと好きなように持たせてしまうと、ヘンな持ち癖がついてしまいますので、正しい持ち方を教えてあげてください。というのも、**正しく鉛筆を持つことができるかどうかが、その後の勉強に影響を与える**ことになるからです。

「計算ミス」「読み間違え」で悔しい失点をすることに

「うちの子、字が汚いから計算ミスばかりするんです。何度も『字をきれいに書きなさい』と言っているのですが、なかなか直らなくて……」

中学受験の指導をしていると、よくこんなご相談を受けます。字が汚いというと、焦って早く書こうとしたり、面倒くさがってちゃんと書かなかったりと、気持ちの問題と思ってしまいがちですが、実は鉛筆の持ち方が原因だったということが多々あります。

字が雑で読みにくい場合、「ゆっくりでいいからきれいな字を書いてごらん」と言うと、半数の子はきれいに書けるのですが、残りの半数はゆっくり書いてもきれいに書けないことがあります。そういう子たちの手元を見ると、みんな鉛筆の持ち方がおかしいのです。親指と人差し指だけで持っていたり、親指を握り込むようにギュッと持っていたり、鉛筆が垂直に立った状態で持っていたりと、正しく持てていないのです。

鉛筆が正しく持てないと、学習の効率が大きく落ちます。例えば、親指を握り込むように持つ子は手に力が入り、疲れやすくなるため、長い文章を書くことを嫌がります。

近年、難関中学の入試では記述問題が増えています。中には「４００字で書くように」とボリュームのある文字数を指定する学校もあります。そうしたとき、**長い文章を書くことを嫌がる子は入試に不利**になります。

また、**持ち方が悪いと自分の書いた文字が見にくく、ノートを無理に傾けるようになり、姿勢も悪くなっていきます。**姿勢の悪さもまた体を疲れさせる原因になります。

書いているとすぐに疲れてしまう、スムーズに鉛筆が動かせないという状態では、きれいな字を書くことができないだけでなく、線や図も正確に書けません。昨今の思考系の問題は、手を動かしながら考えるという問題への取り組み方が必要になるため、**書くことにハンディがあると、それが成績に直結してしまう**のです。こうしたことから、私たちはとにかく鉛筆は正しく持つように指導しています。ただ、あまり強く言うと、書くこと自体が嫌いになってしまうこともあるので、ご家庭で少しずつ直してあげてください。

正しい持ち方は上から俯瞰で見ると、鉛筆が斜め45度になっている状態です。片目で鉛筆を見てみてください。正しく持てていれば、右目だけでも、左目だけでも鉛筆の先を見ることができると思います。

正しい鉛筆の持ち方

×

親指と人差し指
だけで持っている

×

親指、人差し指、
中指で握り、垂直に
立てて持っている

×

指で握り込むように
持っている

最初はやわらかい芯の鉛筆で練習をしましょう。ノートは右ききの場合は右目の前にまっすぐ置き、背中を丸めずに書くようにします。悪い姿勢はすぐ癖になってしまうので、家庭でしっかり見てあげてください。

高学年になるとシャープペンシルを使いたがる子も出てきますが、**低学年までは鉛筆を使うように**しましょう。まだ指や手に力がなく筆圧が弱いうちから硬めのシャープペンシルを使うと、軸の細さや芯の硬さに指を合わせようとしてしまい、不自然な持ち方になってしまうことがあるからです。

実はこうしたことは、学校では丁寧に教えてくれません。ですが、今後の学習に関わるとても大事なことなので、「たかが鉛筆の持ち方くらいで」と安易に流さず、しっかり向き合えるといいですね。

第4章

算数はお絵かきと落書きで伸びていく

多くの親御さんとお話をするなかで、**最近特に増えているなと感じるのが、「わが子を理系の道に進ませたい」という声**です。近年、ＩＴ化、グローバル化が急激に進み、親世代の子ども時代と今の子どもでは、生きる世界が大きく変わっています。子どもたちが社会に出る頃には、多くの職業がＡＩに取って代わられるかもしれないといわれています。

先が見えない時代をわが子がしっかり生きていけるように、小さい頃からできる限りのことをしたい。専門的な能力を身に付けられるような教育を与え、安定した職業につけるようにしてあげたい。そう考えたときに「理系」という選択肢が浮かぶのだと思います。

理系というと、数字に強いというイメージをお持ちの親御さんは少なくありません。すると、まずは計算力をつけることが大事と思い、早い段階から計算ドリルをやらせるご家庭がありますが、それはおすすめしません。

お子さんを**理系に強くしたいなら、実はお絵かきや落書きがおすすめ**です。私たちがこれまで多くの子どもたちと接してきて感じるのは、**算数や数学が得意な子には「よく手が動く」という共通点がある**ということ。そういう子が小さいときにどんなことをしていたか親御さんに聞いてみると、「紙と鉛筆さえ渡しておけば、飽きずに絵を描いていた」「自分で迷路のようなものを書いていた」など、いろいろなものをたくさん書いているのです。

算数に強い子というと、複雑な計算を頭の中だけで解いたり、図形をパッと見ただけで、ひらめきで答えを見つけてしまったりといった特殊な能力をイメージする方は多いと思います。でも実際は、算数が得意な子はよく手を動かしています。**考えるための糸口を探すのに、手を動かす習慣が身に付いている**のです。

一方、算数が苦手な子は、手を動かすことを面倒くさがります。適当にこのあたりだろうと数字を埋めようとする。この差は何かといえば、**小さい頃から書くことに親しんできたかどうかが大きい**ように感じます。

小さい頃からクレヨンや鉛筆で遊んでいた子は、はじめは好きなように落書きをしているだけですが、やがてまっすぐな線を引いたり、きれいな丸を描いたりするにはどうしたらいいか、自分で考え工夫するようになります。迷路を書いて楽しんできた子は、壁にぶつからないようにするには右へ行ったらいいのかな、左へ行ったらどうなるのかなと、迷路の全体像を眺めながらどの道を進めばいいか考え判断していきます。そうやって書く遊びをしながら、頭を使い、自然と賢くなっているのです。

理系に強くしたいなら、計算ドリルの前に、紙と鉛筆を渡しましょう。書くことに慣れておくことは、近年の手を動かしながら考える思考系の問題にも、表現力が求められる記述問題にも大きな強みになります。

第4章

折り紙で図形の感覚を身に付ける

平面図形や立体図形といった図形問題は、算数入試では必ず出題されますが、この図形問題が苦手という子は少なくありません。よく「図形はセンスが必要」と言われることがあります。センスというと、持って生まれた才能のように感じますよね。確かにそれも少しはあるかもしれません。でも、それ以上に小さいときから「どれだけ図形と親しんできたか」の方が大きいと私たちは感じています。

図形に親しむ遊びといえば、やはり折り紙がおすすめです。折り紙を折ったり、広げたり、切ったりという遊びの中で、角、辺、対角線、補助線、三角形、四角形といった図形の感覚を身に付けることができます。折り紙を対角線で折ると、四角形だったのが三角形になります。また左右から真ん中に向かって折り込むと、正方形が長方形になります。たったそれだけのことでも、図形に親しめるようになります。

図形が得意な子は、手先が器用な子が多いように感じます。大人からしてみたら簡単なことでも、薄い紙を指でつまんで角を合わせ、重なった部分がずれないように押さえながら、全体の形を整えていくというのは、小さな子どもにとっては実は高度な動きを要しているのです。

折り紙は一つひとつ丁寧に折っていかなければ、きれいな形になりません。「こことこの角をぴったりつけないと！」「こっちに折ったらどんな形になるのかな？」と、自分の頭と手を動かしながら遊んでいるうちに、**図形の感覚が体に染みこんでいく**。その身体感覚が将来の平面図形や立体図形の理解につながっていきます。そういう子たちにとって、図形問題は遊びの延長上にあり、とてもおもしろいものなのです

第4章

幼児期に身に付けておきたい2つの「数の感覚」

中学受験において算数は重要科目です。なぜなら、中学受験の算数は他教科と比べて一問に対する配点が大きいため、算数が得意であると有利に働くからです。

算数を得意にするには、幼児期から「数に親しむ」ことです。数に親しむ最初のプロセスは、「数の数え上げ」です。「1、2、3……」と、まずは数え方を教えてあげましょう。

数の数え方を覚えたら、「10数えたらお風呂を出ようね」「この階段は何段あるかな？数えてみようか」など、**日常の中で数を数える練習**をしていきます。

上手に数が数えられるようになったら、数の数えた方のバリエーションを増やしてみましょう。10から9、8、7……と下がっていく「数え下げ」、親子で交互に数える「順番数え」、少々難度が上がりますが、偶数あるいは奇数だけを数える「飛び飛び数え」などいろいろな数え方があります。

親御さんがわざと間違えてみるのもいいでしょう。すると、子どもは「違う、違う！5の飛び飛びは6じゃなくて7だよ！」と得意げになって教えてくれるはずです。大事なのは勉強ではなく、楽しく遊ぶことです。

意外と理解が難しい数の「順番」

数は順番であったり、ものや人などの個数であったり、重さや長さなどの量だったりと、私たちの生活のいろいろな場面で使われます。すでに数を覚えてしまった私たち大人は、これらをごく当たり前に使っていますが、数の数え方を覚えたばかりの子どもにとっては、数を正しい順番で数えること自体が難しく感じるものなのです。

数の感覚を養うには、数の「順番」の理解が必要です。子どもは数を覚えるとき、耳から覚えますが、どの数が大きいのかといった順番の理解まではできていないことがあります。

そんなときは、**数字カードを使って数を小さい順に並べたり、大きい順に並べたりする練習**をしてみましょう。例えばカードを「11、19、17、13」といった感じで並べておいて、順番通りになっていないところはどこで、どのカードを入れ替えれば正しい並びになるか考えさせるなど、実際に数字を目にしながら数の順番の理解を深めていくのです。

また、**日常の中でも順番を意識した声かけ**をしましょう。例えばバス停に並んでいるときに「○○ちゃんは前から何番目かな？」、絵本を読みながら「八百屋さんに果物がいっぱい並んでいるね。りんごは右から何番目に置いてあるかな？　左からだと何番目かな？」と聞いてみる。こうした会話をくり返していくうちに、「何番目」という数の順番の感覚が身に付いていきます。

生活の中で数を意識した会話をする

数の順番の感覚と一緒に身に付けておきたいのが、数量的な感覚です。親御さんにぜひやっていただきたいのが、**数を意識した会話**です。例えばホールケーキを切るときに黙って切るのではなく、「5人で食べるから5つにカットするね」といったように、あえて数字を入れるのです。いちごを4人分のお皿に取り分けるときも、「1つ、2つ……」と声を出して数えていき、全員に同じ数が渡らないときは、「あれ？　1つ足りなかったね」と言う。そうやって日常の会話の中に数を入れたり、**「分ける」「合わせる」「減る」「集める」「足りる」「余る」「加える」**といった言葉を使ったりすることで、子どもは数の感覚をつかめるようになっていきます。

実は、これが小学校1年生の学習指導要領に記載されている主要テーマの一つです。

数量的な感覚を身に付けるには、**おはじき遊びもおすすめ**です。おはじきは単純に数を数える練習にもなりますが、「1つ取って1個」「2つ取って2個」「3つ取って3個」と実際に手に取ることで、「数が大きくなるほどおはじきの数も増えていくんだな」と個数の感覚が理解できるようになります。

以前、小学1年生の子に足し算を教えたとき、「4＋5」という繰り上がりのない簡単な計算で手が止まってしまう子がいました。これは困ったなと思いましたが、しばらく様子を見ているうちに解けない理由が分かりました。

その子にとって、4は4番目にくる数字という意味で、1、2、3、4と数えたときの4番目にくることを示す、いわば記号でしかなかったのです。もっといえば、4と5は4が前で5は後にくるという順番の感覚だけで数字を捉えていて、4と5のどちらが大きい量であるかが分かっていなかったのです。

低学年でこういった子は少なからずいます。つまり、**数のボリューム感＝量感が育っていない**ので、実際に何かものを使って目で見せて、個数の感覚を養っていく必要があります。

第4章

小学校入学までに「10の補数」を理解する

計算は小学校に入ってから取り組んでも十分間に合いますが、その前の段階で**「10の補数」の感覚は身に付けておく**ことをおすすめします。

多くの人は「7」と言われたら、なんとなく「3」が思い浮かびます。「6」なら「4」、「8」なら「2」。これを「10の補数」の感覚といいます。

こうした感覚が幼児期になんとなく身に付いていると、小学校に入ってから算数の勉強が始まっても計算で苦労することはありません。おすすめはおはじきやみかんなど、実際にものを並べて「右に7つ、左に3つ、7つの方に3つを寄せたら10個になったね」と「10のかたまり」を目で分かるように見せます。これを遊びの感覚でやってみるのです。

「10って便利だな」という感覚を体に染みこませる

1年生の算数の教科書には、こうした「10の補数」の感覚を定着させるためのさまざまなアプローチがなされています。例えば、1パック10個の卵とパックに7個だけ卵が入っている写真を見せて、「かずをかぞえましょう」。「12は10と□」「16は□と6」などの問題に「□にかずをかきましょう」といったふうに、**「10のかたまり」の感覚を徹底的に学習**します。すると、「10のかたまり」の感覚、つまり「10の補数」の感覚をつかんだ子は、「10って便利だな」と感じるようになります。ここでそう感じられるかが、その先の10進法への理解につながり、算数が得意になるか苦手になるかの分かれ道になるのです。ここを曖昧にしたまま進むと、4年生の単位換算でつまずく心配があります。計算を解けるようにすることよりも、「10のかたまり」の感覚をしっかりと身に付けるようにしましょう。

第4章

九九は完璧なのにかけ算の発想が理解できない子がいる

1年生の「10の補数」や足し算、引き算を経て、2年生からは九九の学習が始まります。**2年生の算数の最大目標は九九をマスターすること**といってもいいでしょう。

九九の学習というと、とにかく暗唱で1の位から9の位までのかけ算を覚えるイメージがありますよね。そうやって暗唱して覚えることも大事ですが、そこばかりに力を入れてしまうと、何のために九九を覚えているのか分からなくなってくることがあります。

小学校で九九を学習する際には、「『1つ分の数』×『いくつ分』＝『全部の数』を式にすると、『3×4＝12』になるよ。これは『3＋3＋3＋3＝12』と同じ意味だよ。計算をすべて足し算でやっていくと大変だけど、かけ算でやると便利だね」といった感じで、かけ算はこういうときに使うものということを教えます。しかし、1の位から9の位までのかけ算を毎日暗唱して覚えるうちに、**間違えないように言うことだけに気が向いてしまい、なぜそれを使うのかを忘れてしまう**子が出てきます。

そういう子は、九九は全部スラスラと言えるようになるのですが、**文章題で九九を使う必要がある場面で、かけ算をするという発想が浮かびません。**例えば、一皿にいちごが7個あります。4皿では何個になるでしょう?」という問題が出たときに、パッとかけ算が出てこないのです。

数字だけよりもイラスト入りの九九表で理解を深める

お子さんがこれから九九を学ぶのであれば、九九表は数字だけのものよりも、7×4なら、いちごが7個ずつ、４つのお皿に盛られているようなイラストが描かれたものを使うようにしましょう。

大人の感覚からすると、「そんなことをしなくても分かるでしょ?」と思ってしまいがちですが、**小さい子どもにとって数字はあくまでも記号で、実感のある数として捉えにくい**ということを理解していただきたいと思います。

かけ算の学習は、スラスラと九九が言えるようになることよりも、九九の意味と役割をしっかり理解することの方がとても大切です。急ぐ必要はありません。イラストでも理解が難しければ、実際にものを使って身体感覚に落とし込んだ方が確実に理解できるようになります。

第4章

音読はすべての教科の力を伸ばす

「先生、この問題が分からない」

学習塾で講師をしていた頃、授業が終わると算数の文章問題を持ってきて、よく質問に来る子たちがいました。そういう子たちに「じゃあ、まずは問題文を声に出して読んでごらん」と音読をさせると、「あ、分かった！」「なーんだ、そういうことか！」と、次々に理解することが多々ありました。こうやって、**「落ち着いて読んでみれば分かる」という体験をすると、「文章問題は難しい」という先入観をなくしてくれる**ことはよくあります。

算数の文章問題には「3行の壁」といわれるものがあります。文章題の問題文が3行を超えると、途端に難しく感じ、「ダメだ、解けない」と頭がフリーズしてしまう子は少なくありません。でも、音読をさせてみると、案外簡単にこの壁は乗り越えられます。

苦手な助詞も自然と身に付くようになる

音読のメリットは、文章を丁寧に読む習慣が身に付くことです。声に出して読んでみると、黙読では理解できなかった文章が理解しやすくなります。

スムーズに音読するには、今声に出している部分より先を目で追えないとつかえてしまいます。漢字の読み方や単語の意味、文の流れや文章の切れ目などを考えながら読むことが必要になるため、自然と文章構造や論展開を考えるようになります。こうした目の動きは、いろいろな学習でも必要になります。

また、助詞の使い方の練習にもなります。助詞の使い方は子どもにとっては難しく、5、

6年生になっても、「30－5」を「30を5で引く」と言ってしまう子がいます。「30から5を引く」が自然に出てこないのです。「30を5で割る」「30に5をかける」なども同様に、日本語の「を」「から」「で」「に」などの**助詞をきちんと使い分けることができないと、すべての教科で苦労する**ことになります。

低学年のうちは、文章を読むときは「音読」をさせましょう。はじめはうまく読めず、つっかえてしまうことも多いと思いますが、音読の目的は正しくスラスラと読めるようになることではありません。叱ると恐縮してますます読めなくなってしまいますので、おおらかな目で見守ってあげましょう。漢字の読み方が間違えていたり、文章を切る部分が違っていたりしたら、その都度やさしく教えてあげてください。

上手に読めたときはもちろん、たとえつかえてしまったとしても、最後まで読んだら「ちゃんと読めたね」「ずいぶん上手に読めるようになったね」と褒めてあげましょう。大事なのは続けることです。

3年生くらいになってスラスラと読めるようになったら、黙読の練習も始めてみましょう。入試では声を出して読むことはできませんので、黙読の力も伸ばしていく必要があります。**黙読の練習としておすすめなのが、「速音読」**です。通常の音読は人に聞かせるようにゆっくり丁寧に読んでいきますが、速音読はできるだけ滑舌よくハキハキとスピーディーに読みます。人に聞かせるというよりは、一字一字モレのないように素早く読むというイメージです。読み飛ばしをなくすという狙いがあります。

第4章

家庭の会話は主語・述語・「てにをは」を意識させる

国語の文章読解力は、質問されたことに適切に答えるといったやりとりで育ちます。第1章で子どもの語彙力は家庭で育つとお伝えしましたが、子どもの語彙力や読解力を伸ばすには、親御さんのちょっとした働きが大切になります。

例えば子どもの話を聞くときに「今日は何をしたの？」「今日はどうだった？」という質問をしがちですが、こうした漠然とした質問は答える側としては答えにくいものです。質問をするときは、「今日の理科の授業で先生はどんなおもしろい話をしてくれたの？」「今日の休み時間は何をして過ごしたの？」といった感じで、**子どもが何を聞かれているか分かりやすい問いかけを意識**してみてください。

そして、子どもが話し始めたら、途中で口をはさまずに、最後まで聞きます。これまで多くの子どもたちと接してきて実感しているのは、**おしゃべりな子ほど国語が得意**です。まずは、子どもが安心して言いたいことを言える「なごやかな親子関係」を築いておくことが大切です。

子どもの話は親の「聞く姿勢」を基本に、時には大人の視点を教えてあげましょう。

例えば、学校でAくんがBくんを叩いてけんかになったという話が出てきたとします。こういうとき、子どもは自分が見たままのことを話します。すると、「Bくんを叩いたAくんが悪い」という話になってしまいがちですが、何かが起こるには必ず原因があります。

しかし、人生経験がまだ少ない子どもにはそれが分かりません。3年生くらいになると、少しずつまわりが見えてきて、自分と他の子とを比較したり、客観視できたりするようになってきますが、まだまだ不十分なところがあります。

なので、お子さんの話を聞いてみて、ちょっと見方が偏っているなと感じたら、「どうしてAくんがBくんを叩いてしまったんだろうね。その前に二人の間で何かあったのかな？」と**少し大人の視点を入れてあげるといい**と思います。そうすることで、子どもの視点が広がり、いろいろな事柄には因果関係があるということを理解できるようになります。

この視点は他者の気持ちを理解する上でとても大事です。

物分かりの悪い親を演じてみる

子どもと会話をするときは、正しい日本語を意識するようにしましょう。特に**気をつけたいのが「主語」「述語」「てにをは」の省略**です。

家庭内の会話は、そこに人が二人しかいなければ、わざわざ主語や述語、「てにをは」を入れなくても通じてしまいます。「あれ取って」と言われて、視線や指先が醤油に向いていれば、「この子は『醤油を取って』と言っているんだな」と何を伝えたいかが分かりますが、そこをあえて分からないふりをするのです。

「あれって何？」

「醤油だよ」

「誰に向かって言っているの？」

「お母さんに決まっているじゃん。お母さんしかいないんだから」

「人にお願いをするときはどういうの？」

といった感じで、ちょっと意地悪をして聞いてみましょう。

すると、子どもは「お母さん、お醤油を取ってもらえる？」ときちんと言えるようになります。普段の会話でも「今日、お昼何食べた？」と「てにをは」を省略してしまいがちですが、「今日のお昼ご飯に何を食べたの？」と、**できるだけ「てにをは」を意識して話す**ようにしましょう。親御さんが「てにをは」を意識して話すようになると、助詞の理解も進みやすくなります。親子間だとなかなか難しいのですが、ここでしっかり意識をさせると、外でも自然に話せるようになるのです。

第5章

中学受験に必要な「学力の土台作り」

―実体験&学習習慣編―

第5章 育てておきたい「学習への姿勢」と「実体験」

第4章の「国語・算数の基礎学力」以外に、入塾前までに意識しておいてほしいことがあります。それは、**「学習への向き合い方」と「実体験の積み上げ」です。**

小学校に上がると、多く見られるのが、授業を聞けない、ノートに何を書けばよいか分からない子どもたちです。そこでスムーズに小学校で勉強できるように、学習に向かわせるために育んでおきたいことをご紹介します。

また近年の中学入試は、知識や解法を覚えるだけでなく、学んだ知識や解き方を「どのように生かせるか」を考える力が問われるようになっています。**実体験が豊富だと、新し**

い知識を学んだときに「なるほど!」という納得感が生まれます。この瞬間こそ、学びのおもしろさを味わえるとき。この数が多ければ多いほど、**勉強は楽しくなります。**

そんな実体験を学習に生かすチャンスが夏の自由研究や読書感想文です。これらの課題を試行錯誤しながら楽しむことができれば、しめたもの。今の中学入試に求められる力をすでに磨いていることになるのです。

32ページで「中学受験に必要な学力・能力」のピラミッド図をご紹介しました。もう一度見てみてください。幼児期・低学年に養っておくべきものは、ピラミッドの土台にあたる「身体感覚と生活知識」、そしてその上にある「基礎学力」です。ここを盤石にしておけば、あとは中学受験の勉強で習う知識や解法、考え方を乗せるだけなのです。

第5章

賢い子がやっている正しい授業の聞き方

同じ塾に通い、同じ先生の授業を受けても、成績が上がる子とそうでない子がいます。

学校の授業でもそうですよね。もちろん、それまでの学習状況の違いは多少あるかもしれませんが、**子どもの能力や、やる気の差ではない原因もある**ように感じます。

その一つが「話を聞く姿勢」です。

第2章で、中学受験で自走できる子というのは、塾を活用するだけで受験勉強が進められる子とお伝えしました。そういう子はみんな塾の授業をよく聞き、できるだけ授業の中で理解をしようとしています。

一方、自走できていない子は、授業中、どこか心ここにあらずだったり、ノートを書くのに夢中で先生の話をちゃんと聞いていなかったりします。授業中に理解ができないまま、宿題をやろうとしてできないのは当然のこと。自分で進めていくことができないから、親のサポートが必要になる。つまり、自走とは程遠い状況になってしまうのです。

先生の話は最後まで聞く

子どもたちにとって最初の授業は、小学校1年生の学校の授業です。何事もはじめが肝心。このタイミングで、正しい授業の聞き方を教えてあげましょう。

授業中は、とにかく先生の話をよく聞くことです。そのとき、**先生の口元を見るように言いましょう**。というのも、話す人によって声が小さかったり、滑舌が悪かったりしてよく聞き取れないことがあるからです。でも、口元を見ることによって、聞く側の方が言葉を補うことができます。

授業では必ず、その日の大事なポイントを伝えます。そのとき、先生は子どもたちに理解してもらおうと、「今日はここが大事なところだよ」「ここはしっかり覚えてね」と強調して教えたり、身振り手振りで説明したりします。それを見逃してはいけません。

ただ大事なポイントはいつ出てくるか分かりません。はじめから「今日は〇〇について勉強するよ。今日の授業のポイントは△△だよ」と教えてくれる先生もいますが、たいていは、いろいろ説明をした後に「ここがポイントだよ」という展開になります。話が単調だと途中で飽きたり、集中力が切れたりしそうになりますが、教える側からしたら子どもたちが分かるように順序を追って説明をしているので、**最後まで聞くことが大切**です。

中には、授業時間が押してしまい、チャイムが鳴ってから話すこともあります。「チャイムが鳴ったからもう聞かなくていいや」ではなく、最後の最後まで先生の話をしっかり聞くようにしましょう。

授業は聞いて終わりではありません。**その日に習ったことを復習する習慣**を付けておきましょう。親御さんから「今日はどんなことを習ったの？」と聞いて、お子さんに説明してもらいます。そのとき、「教えなさい！」と強制するような雰囲気だと子どもは嫌がります。「そんなおもしろいことを教えてもらったんだね」「また一つ物知りになったね！」など、親御さんが驚いたり、楽しそうに聞いてあげたりすると子どもは喜びます。そして、**「今日も家に帰ったら、授業のことを教えてあげよう！」と一生懸命に聞くように**なります。

また、**わざと分からないふりをしてみるのもいい**と思います。すると、子どもはお母さんに分かるように説明の仕方を工夫するようになります。そうやって人に説明をすることで、内容をおさらいし、自分自身の理解を深めていくのです。このやり方は、中学受験の勉強が始まってからも続けるようにしましょう。復習で理解を得た後に宿題に取り組む、というのが、正しい勉強の進め方です。

第5章

頭の整理がしやすいノートの書き方

ノートの書き方も教えてあげる必要があります。低学年のうちは、**今日の日付と今日学習することの題目を書き、先生が黒板に書いたことをノートに写す**というのが基本になります。鉛筆の持ち方のところでも触れましたが、正しく鉛筆が持てていないと、文字がどんどん曲がってきてしまうので、まずは正しい姿勢で、正しい位置（体の正面）にノートを置くようにします。

字は丁寧に書くように心がけましょう。適当に書いてしまうと、家に帰ってから復習で振り返りをするときになんて書いたのか分からず困ることになります。

カラフルすぎるノート作りは要注意

学年が上がってきたら、ノートの使い方にも工夫を取り入れてみましょう。

おすすめは、見開き2ページの左ページに先生が黒板に書いたことを写し、右ページには自分の気づいたことや疑問に思ったことをメモしたり、問題を解くときのスペースに使ったりするといったやり方です。左右のページを使い分けるので、贅沢なノートの使い方になりますが、そのページを開けば全部分かるようにしておくと、頭の整理がしやすくなります。低学年のうちはそこまでする必要はありませんが、4年生になって塾の勉強が始まったら、そういうノートの使い方もあることを教えてあげてください。

授業の聞き方もノートの使い方も学習を進めていく上でとても大切なことですが、**学校**

も塾もわざわざノートの使い方まで教えてはくれません。

当然のことですが、先生が黒板に書いたことは必ずノートに写すようにしましょう。わざわざチョークの色を変えて説明していたら、そこは大事なポイントなので、ノートの字も違う色を使うようにします。

一番気をつけたいのが、ノートをきれいに書くことに夢中になってしまうこと。特に女の子に多いのが、いろいろなカラーペンを使ってノートをかわいくすることに走ってしまうケースです。ポイントに色を使うのはいいのですが、あっちこっちで色ペンを多用すると、かえってポイントが分かりづらくなってしまいます。

筆記用具は必要最低限に抑え、まずは聞くことに集中するようにしましょう。

第5章

低学年の勉強は「どのようにやるか」が重要

小学生になったら、**最初に身に付けさせたいのが、「学校の宿題を必ずやる」という習慣**です。学校の宿題は毎日何かしら出ますので、宿題はなるべく同じ時間帯にさせるようにしましょう。

家庭学習の時間の目安は、「学年」×「国語・算数各10分」です。1年生なら国語10分・算数10分の計20分、2年生なら国語20分・算数20分の計40分、3年生なら国語30分・算数30分の計1時間、といった具合です。

宿題タイムをきちんと設けている学童であれば、学童にいる間に宿題をやってもいいでしょう。ただし、早く遊びたいからと宿題を適当にやっていないかのチェックは必要です。

「やったか」のチェックではなく「どのようにやったか」を見る

低学年の宿題は「何をやるか」よりも「どのようにやるか」の方が重要です。学習の内容は、宿題だけでは足りないようなら、教科書準拠の問題集を1冊用意し、それをやるくらいで十分でしょう。「何をやるか」を重視すると、「それさえやればいいんでしょ」と早く終わらせようとするので、終わらせることだけに意味があると思わせないことが大事です。簡単な問題でも問題文をきちんと読み、字は丁寧に書く。漢字はハネまでしっかり書く。計算や考えた形跡は残すようにしておく。**低学年の勉強は、とにかく「丁寧に」やること**を習慣づけましょう。

学校の先生が宿題をチェックする際、「合っているか間違っているか」にはほとんど目が向いていません。学級運営や授業をしながら、1クラス40人の生徒の宿題を一つひとつ丁寧に見てあげる時間がないからです。先生にとっては「やってきたかどうか」が最大のポイントで、間違っていても「やってきた」ならハンコを押してくれます。

家庭でも親が忙しいと、「やったかどうか」のチェックに目が向きがちです。そして「宿題はやったの？」「終わった」「じゃあ、ゲームしていいよ」という展開になります。しかし、そのやりとりだと、子どもも「宿題はやりさえすればいいんだ」と思ってしまい、つい手を抜いてしまいがちになります。

小学生になったスタート地点では、親御さんは「子どもの宿題に付き合う」意識を持つようにしていただきたいです。はじめから最後までぴったり付いて見ている必要はありません。**「問題文をちゃんと読んでいるか」「丁寧な字が書けているか」のチェック**をぜひしてみてください。

難関校入試に必要な「骨太の学力」

第1章でもお伝えしましたが、近年の難関中学の入試の問題文は非常に文章が長くなっています。そこからさまざまな条件が書かれた文章を整理しながら読み解く力だったり、手作業から考える糸口を探すといった書く力だったり、知識と経験を組み合わせて考える応用力だったりを見ています。

こうした問題を解くときに大切になるのが**「骨太の学力」**です。この力を**身に付けるために必要なのが、「ちゃんと読む」「ちゃんと書く」といった日頃の学習習慣**です。

「ちゃんと読む」とは、問題文を読みながら「今、何が分かっているのか」（仮定）、「何を聞かれているのか」（結論）を意識することです。それらを意識せずに、急いで読もうとすると、大事なポイントが抜けていたり、条件に気づけなかったりといったことが起きてしまいます。

「ちゃんと書く」とは、文章を読みながら大事なポイントに線を引いたり、図形問題などを解くときに図を書きながら考えてみたりといった作業をいいます。難関校の入試問題を解くときは、こうした手作業を面倒くさがらないことが重要です。

そして最後に**「この問題は自分の力で解いてみせるぞ」という強い気持ちが不可欠**です。つまり、今までどれだけ「自分ごと」として勉強をしてきたかが問われているのです。

宿題を丁寧にやるというのは、「正しい答え」に興味を持つことだと言い換えられます。そこに至るまでの過程を大事にし、せっかく導き出した答えは丁寧に書き込む。その意識を持って勉強してきた子と、終わらせることだけに意識が向いていた子とでは、入試の結果にも差が出てしまうのです。

美術館や博物館は親のリアクションが大事

夏休みなどの長期休みは、子どもに色んな体験をさせるチャンスです。すると、つい「どこか遠くへ連れて行って子どもを喜ばせよう！」と張り切ってしまいがちですが、場所はそれほどこだわる必要はありません。**大事なのは「どこで何をしたか」よりも、「どんな経験ができたか」**だからです。例えば親子で一緒に何かを作るのもいいと思います。

事前に下調べをしておくとよりおもしろくなる

でも、もしも時間的に余裕があれば、**美術館や博物館などに行くのはおすすめ**です。ただ連れて行くだけでは意味がありません。美術館や博物館に行くときは、**親子で事前に下調べ**をしておきましょう。今はネット上に情報があふれているので、先に少し情報収集しておき「ここは絶対に見たいよね」と展示物に対する興味を前もって高めておくといいでしょう。旅行でもそうですが、誰かに連れられて回るのと、自分で下調べをしてから行くのとでは、行ったときの感動が違ってきます。

実際に訪れたら、気になる展示物の説明を子どもと一緒に読んでみるといいですね。そのときに「なるほど、そうなんだぁ〜」「へぇ〜、これはおもしろい発想だね」など、**親御さんが目を輝かせ、おもしろがって見ると、子どもも真似しておもしろがって見る**ようになります。

逆に親御さんが無関心だと、子どももつまらなそうに見ます。よくあるのが、こうしたところに連れて行くことだけで満足してしまい、自分は椅子に座ってスマホをいじっているケースです。夏休みの美術館や博物館に行くと、そういう親御さんが本当に多いのに驚きます。それではお子さんの興味は育っていきません。

美術館や博物館に行くことは、貴重なものやめずらしいものに出合えるというだけではなく、「世の中には自分の知らないことがいっぱいあるんだ！」「新しい知識を得ることは楽しいことなんだ！」ということを子どもに教えてあげられる絶好の機会です。**まずは親御さん自身が楽しむことが大切**です。

ただ、わが子のために良かれと思って連れてきたものの、子どもの反応がイマイチということもあり得ます。親としてはちょっとがっかりしますが、それはそれで仕方がないこと。なぜなら、興味の対象は人によって違うからです。しかし、連れて行ってみなければ、それも分かりません。**幼児期や小学校低学年は、興味の種まきの時期**と思って、さまざまな体験をさせてあげましょう。

第5章

中学受験にも役立つ理科の自由研究

夏休みの定番の宿題といえば、自由研究です。今は、「やってもやらなくてもいい」という学校も増えているようですね。ですが、**自由研究は中学受験に役立ついろいろなことを学べる絶好のチャンス**です。やらない手はありません。

低学年は「じっくり観察」がおすすめ

夏休みが始まると、気になる自由研究の存在。「早くやらなくちゃ！」「今年こそはちゃんとやろう」など、はじめは意気込んでいても、気がつくと後回しになってしまい、お盆を過ぎた頃に慌てて取り組む子が多いのではないでしょうか。

自由研究は何について調べても、取り組んでもいいという自由度の高さが魅力である一方、何をやったらいいのか分からないと悩んでしまう子もいます。そんな子にはこのようにアドバイスをしています。

受験まで間がある**低学年なら「じっくり観察」系の自由研究がおすすめ**です。例えばアサガオの種から花になるまでの観察をしてみます。種まきから発芽、ツルはどのように伸びて、どっちの方向に巻いていくのか、花はいつ咲き、どんな形をしているかなどをじっくり観察し、絵に描いたり、写真を撮ったりして記録していきます。アサガオの花びらは大きな1枚に見えますが、実は5つの切れ目や模様が入っていて、生物学的には花びらは5枚と数えます。こうした視点は受験にも役立ちます。

その他に、月の満ち欠けを毎日記録し、場所と形の変化について研究をしたり、身近にある雑草や石、貝殻などを集めて種類や特徴を調べたりするのもおすすめです。

高学年になると、夏休み期間中は塾で夏期講習があるため、自由研究にあまり時間をかけられなくなります。ただ、本人がじっくり型の研究をやってみたいと言うのであれば、その気持ちを尊重してあげてください。その場合、毎日の計画をしっかり立てるなどのスケジュール管理が必要になります。

高学年なら「短期決戦」で終わらせつつ、できれば受験に役立つ「体感」が得られる研究がおすすめです。例えば、入試にも頻出する「光の反射」を取り入れた実験や、「物質の変化」を見る実験など。光の屈折や反射、物質の変化といった化学・物理分野は、理屈だけではなかなか理解しにくいものです。実際に自分の手を動かし、自分の目でその変化を見てこそ、ふに落ちる。それが自由研究の良さだと思います。

光の反射の実験は、１００円ショップなどで購入できる折りたたみ式の鏡が２つあればできますし、物質の変化はクエン酸や重曹、台所用の液体漂白剤など家に置いてあるものを使ってできます。

最近の入試問題傾向から自由研究のネタを考える

入試に直結するネタを探すなら、**過去の入試問題を参照し、出題傾向を見て自由研究に落とし込む**という方法もあります。

最近の入試問題は、どのくらい日常の身の回りのものを観察しているかを問う問題や、身の回りのものを参考に「なぜそうなっているのか」を推測させる問題などが出題されています。

例えば、炭酸が入ったペットボトルと水やお茶が入ったペットボトルの底の形の違いを述べさせるという問題が、いくつかの学校で出題されています。

炭酸が入ったペットボトルは、炭酸ガスの圧力に耐える必要があるため、底を厚くして丸みを持たせていることを知識として持っているかどうかが問われる問題です。これも、いつも手にしているものがなぜこんな形をしているのか、普段から疑問を持って答えを探していれば簡単に解くことができるでしょう。

こうした問題をヒントにして、身近なものを比べるという研究をしてみるのもいいと思います。

なぜ学校はこのような問題を出すのでしょうか。

おそらく、**普段から身近なものへの興味を持ち、未知なものを知りたいと思う探究心のある子に来てほしいと思っている**からではないでしょうか。

子どもは本来、何かを調べたり、実験をしたりするのが好きです。でも、それをまとめるのが苦手だったり、面倒くさがったりして、自由研究をやりたがらない子が一定数います。そういう子には、**レポートのまとめ方を丁寧に教えてあげると、「じゃあ、やってみようかな」と気持ちが動くことがあります。**

自由研究のまとめ方は、大きく分けると次の3つの方法があります。

❶壁新聞風　❷タブロイド・パンフレット風　❸研究レポート風

詳しく説明していきましょう。

❶ 壁新聞風

1枚の用紙に、実験の準備から経過、結果（感想）まですべて分かるようにまとめます。用紙は大きめの模造紙などがおすすめです。一番上に表題とサブタイトルを目立つように書きます。次に実験することになったきっかけと準備したものを書きます。その下に、実験の手順や内容を書きます。そのとき、読む側がイメージできるようにイラストや写真付きで説明をした方がいいでしょう。そして、最後にこの実験の結果と自分の感想を書きます。

壁新聞の良いところは、**用紙1枚ですべてのことが分かる**という点です。ただし、書く側は1枚に収めなければいけないため、要点を意識してまとめる必要があります。

❷タブロイド・パンフレット風

画用紙を2つ折りにして、4ページのタブロイド新聞、またはパンフレットに見立ててまとめます。表面には表題とサブタイトルを、裏面にはクラスと名前を書きます。中面にはこの実験をすることになったきっかけと準備したもの、実験の手順や内容をイラストや写真入りで説明します。

壁新聞よりもスペースがあるので、**イラストや写真を複数入れることができます**。また、一つの実験から、さらに発展した実験まで内容を広げることもできます。

❸研究レポート風

レポート用紙の表紙に表題とサブタイトルを入れます。2ページ目からは❶❷と同じ内容が入りますが、**1枚に収める必要はなく、必要枚数にまとめることができます。**その際、2ページ目からはページ数をつけておきます。表紙の次に目次ページを作っておくと、読みやすくなります。

低学年の自由研究なら、一番簡単な❶の壁新聞風がおすすめです。実験内容によって、1枚の紙に収まりきらないようでしたら、❷のタブロイド・パンフレット風にまとめてみてもいいでしょう。

❸の研究レポート風は、実験が複数あったり、複雑なものだったりする高学年向けの自由研究のまとめ方です。1枚にまとめる、中面にまとめるなどの制限がないので、文字数や写真点数に縛られず自由に書くことができますが、ただ長く書けばよいというわけではありません。基本のまとめ方は❶❷同様に要点を押さえなければなりません。より深い研究や実験をまとめるときに活用します。

「やっておしまい」ではなく、まとめることで思考のサイクルが身に付く

自由研究のまとめ方は、大きく分けるとこの3つになりますが、どのスタイルを選ぶかは自由です。例えば、絵を描くのは得意だけれど、文章を書くのがあまり得意ではないという子は、壁新聞の方がまとめやすいかもしれません。逆にいろいろなことを書きたいという子は、タブロイドやレポートのスタイルにするといいでしょう。

ただ、**どのスタイルを選ぶにしても、押さえておきたい内容は次の5つ**です。

❶ 表題とサブタイトル

表題は自由研究の「テーマ」にあたるものです。その先に続く中身を読んでもらうには、読み手が興味を持つインパクトのあるタイトルにしましょう。例えば、焼きそばにレモン汁を入れると焼きそばの色がピンク色に変わるという実験をしたなら、『カメレオン焼きそば』なんてタイトルがおもしろいかもしれません。

しかし、それだけでは何が言いたいのか分かりません。そこで必要なのがサブタイトルです。**サブタイトルは表題を補足する役割**があります。例えば『カメレオン焼きそば ～焼きそばにあるものを入れると色が変わる～』といった補足が入ると、「なんだかおもしろそうだな、読んでみたいな」と思わせることができます。

❷ この実験をしたきっかけ

「まとめ」というと、実験手順と内容・結果を書けばOKと思っている子が多いようですが、その前に書いておきたいことがあります。それは、**なぜこの実験をしようと思ったかという動機**です。または目的でもいいでしょう。それがあることによって、この実験が自分にとっての研究になります。

何も難しいことを書く必要はありません。例えば「前にテレビで焼きそばの色が変わるのを見て、おもしろそうだと思った。本当に変わるのか自分で試してみたいと思った」くらいのことでもいいのです。なぜそれに関心を持ったのかを書いておきましょう。

❸ 準備したもの

実際、自分が実験をしたときに使ったものを書きます。家にあるもの、新たに買ったものなどを書いておきましょう。

❹ 手順・実験内容を写真入りで紹介

「まとめ」の要となる部分です。**実験の手順は番号をふって、簡潔に**書きます。その際、各行程を写真やイラストで記録するといいでしょう。

❺ 結果・感想

最後にこの実験をやってみて、分かったことを書きます。低学年なら「レモン汁を入れると、焼きそばの色が変わった」でOKです。そして、その後に「ピンク色の焼きそばがきれいだった」など自分の感想を書きます。高学年で「溶液の性質」について理解できているのなら、「レモン汁は酸性なのでピンク色に変わった」など一歩踏み込んだ結果を書くことができるでしょう。

高学年になったら、押さえておくべき5つの項目に、**さらに「仮説」を加えるとより魅力的な自由研究になります。**「仮説」は実験の結果を予想するものです。仮説を立てておくと、実験をしながら、こうなるに違いないと意識しながら進めていくことができます。それが合っていた時には「〇〇だから、そうなんだな」と理解を深めることができますし、違っていたときは、大きな驚きとともに「なぜそうなったんだろう？」と考えます。つまり、物事を考える出発点となります。

研究者が実験を行う際には、常に「仮説」→「検証」→「考察」の順番で進めていきます。これは物事を考える手順と同じです。**自由研究のまとめは、こうした思考のサイクルを身に付けるのに最適**なのです。低学年でもこういうやり方で実験を進めていきたいという子にはどんどんやらせてみましょう。

この思考のサイクルはあらゆる場面で生かされます。例えば、テストを受けるときに、ただ受けて、結果を見て終わりでは意味がありません。自分がこうだと思って書いた答えが間違えていたとき、「なぜ間違えたのか」「どうすれば正しい答えを出すことができたのか」「他にやり方はなかったのか」と考えることができれば、それは次に生かされます。

第5章

読書感想文も自由研究と理屈は同じ

読書感想文も夏休みの宿題の定番です。本を読むのは好きだけど、感想文を書くのが好きではない、得意ではないという子は案外多いもの。そういう子は、**どうやって書いたらいいのか分からないから、やりたがらないというのがほとんど**です。ですが、読書感想文も自由研究と同じ要領でやってみると、とても簡単に、そして魅力的にまとめられるようになります。

まず、なぜその本を手に取ったか、どうしてこの本を読もうと思ったのか動機を書きます。次にタイトルや装丁などを見て、この本がどんな本なのか予想してみます。

そして、実際に読んでみた感想を書きます。そのとき、予想通りだったら「この本のこういうところがおもしろかった」など、自分が惹かれたことを書いてみます。予想と違っていたら、どんなところが違っていたのか、驚きや発見などを書いてみます。そうすれば、単にあらすじをダラダラと書くような感想文にはなりません。また、自分の考えが軸になっているので、オリジナリティーのある感想文が完成します。

第6章

低学年の時期こそ親ができる受験の下準備を

第6章

中学受験をするメリット・デメリットを整理してみる

さて、ここまで「自走できる子」になるための秘訣や、中学受験に必要とされる学力の土台作りについて説明してきました。ここからは、いよいよ中学受験のスタート地点について触れていきたいと思います。

幼児期または低学年のわが子が、受験勉強の土台となる基礎学力や学びの姿勢をじっくり身に付けようとしているときに、親御さんもお子さんと同じく**受験親としての準備を始めておくといい**でしょう。仕事に育児にと忙しい毎日を送っていると、いざ受験勉強を始める時期がきても、じっくり考える余裕がそのときにないかもしれません。すると、納得のいくスタートが切れないどころか、中学受験がわが子にベストな選択かどうかも分からないまま、まわりに流されるかのように受験勉強をスタートさせてしまいかねません。

23年度の首都圏の中学入試の志願者数は過去最高を記録しました。その背景の一つに、偏差値至上主義ではなく、わが子との相性の良さを重視した中堅校狙いの受験家庭が増えたことが挙げられます。学校選びの基準も受験の仕方も多様化してきたからこそ、納得のいく選択をするために、ぜひこの時期から少しずつ親御さんに準備を始めてほしいのです。

中でも最も大切な準備の一つが、**「中学受験を選択する理由」について親御さんが考えを整理しておく**ことです。

長期戦といわれる中学受験で**最も大事なことは、「なぜ中学受験をするか？」という動機**です。クラスの全員が臨む高校受験と違って、中学受験は「する」か「しない」かを選択できる受験です。そこであえて「する」を選択するのはなぜでしょうか？

それは、中学受験にはいくつかのメリットがあるからです。私たちは、中学受験には学習面だけでも次の５つのメリットがあると考えています。

【中学受験をするメリット】

❶学習の習慣が身に付く
❷多くの知識を得ることができる
❸考える力がつく
❹高校受験をしなくていい
❺大学受験に有利なカリキュラムで学習できる

まず、外部的なメリットを挙げましょう。中学受験をすると、私立・国立・公立の中高一貫校に通うことになります。6年間同じ学校に通うので、高校受験をする必要はありません。そのため、高校受験で部活を一時中断せずに、思いっきり取り組むことができます。また、各分野のコンテストやオリンピック、海外研修などにも挑戦しやすくなります。

大学受験においても、カリキュラムの面で有利になります。**中高一貫校では中2までに中学校3年分の学習を終わらせる**ので、大学入試に必要とされる高校の教育内容を4年かけて学習することができます。また、学校によっては中3から高2までの3年間で高校の教育内容を学習した後、残りの1年を大学受験のための勉強に充てることができます。これが高校受験組だと、高3の2学期まで授業の範囲が終わらず、十分な受験対策ができないまま本番を迎えることになります。

さらに、私立の中高一貫校では先生の異動が少ないため、中1から高3までの6年間、同じ先生から学ぶことができ、**生徒一人ひとりの長所や短所を把握した上で対応してもらえる良さ**もあります。特に中堅校以下は面倒見をウリにしている学校が多く、校内で受験対策や補習をしてくれます。また、卒業生とのつながりも深く、キャリア教育などで協力してもらえることが多いのもメリットです。

中学受験で身に付いた「考える型」は一生ものになる

内部的、つまり本人にとってのメリットは、**中学受験の勉強を通して、学習習慣が身に付き、学力がつく**ことです。中学受験をするのなら、毎日の学習は欠かせません。遊びたい盛りの小学生にそれを強いるのはかわいそうとおっしゃる方もいますが、それは親御さんの中に、**「勉強」=「嫌なもの」「つらいもの」という先入観がある**からです。こちらについては、後で出てくるデメリットで説明をしたいと思います。

また、第1章でもお伝えしましたが、近年の中学入試は単に知識を暗記するのではなく、その場で考えさせる問題へと変わってきています。こうした問題を解くときに必要となるのが「今、何が分かっているのか」「この条件から何が分かるのか」「この答えを出すには何が分かればいいのか」といった**「考える型」**です。

この「考える型」は中学入試のみならず、問題解決力や発想力の源となり、生涯にわたって生かされます。中学受験に挑戦すると、それを小学生のうちから身に付けることができます。中学受験をすることによって、多くの知識を得ることができ、考える力がつく。このように、学習面においてのメリットは大きいのです。

心の成長においても、良い機会となります。中学受験に挑む子は、通っている小学校の中では「できる子」である場合が多く、「自分は勉強ができる」と思っているものです。ところが、中学受験の勉強を始めると「学校の外にはもっとすごい子がいる」ことに気づかされます。そうして挫折を経験することで、困難に向かう心（レジリエンス）を身に付け、勝つための戦略を考えます。

また、「できない子」も何をやれば自分の学力を伸ばすことができるかを考えるようになります。そうやって**「自分自身を高めたい」という気持ちが生まれる**のです。

こうして見ていくと、たくさんのメリットがあります。しかし、それは**中学受験の勉強の際に「正しい勉強のやり方ができるか」にかかっている**のです。では、やり方を間違えてしまうと、どうなってしまうのでしょうか？

すべてがデメリットに変わってしまいます。

【中学受験をするデメリット】

❶やり方を間違えると、学習の習慣を壊す
❷やり方を間違えると、知識は増えても使えない

❸やり方を間違えると、やる気力を失う
❹やり方を間違えると、考える力がつかない
❺やり方を間違えると、勉強嫌いになる
❻やり方を間違えると、親子の関係が悪くなる

入学後、「深海魚」になってしまう子は一定数いる

中学受験を経て、私立中高一貫校に進学したものの、成績がさっぱり伸びずに下位をさまよう子がいます。そういう子を中学受験業界ではひそかに「深海魚」と呼んでいます。暗い海の底にひっそりと暮らす魚と、成績低迷でスポットライトが当たることなく学校生活を送る姿が重なるからです。なんとも嫌な表現ですよね。しかし、実際そういう子は、

どこの学校にも一定数います。

中学受験では同じ試験を受けて合格したはずなのに、入学後に差が開いてしまうのはなぜでしょう？　例えば付属校進学の場合、大学受験をしないで済むという安心感から、入学後に手を抜いてしまう、というのは多少あるかもしれません（ただし、付属校でも成績が悪いと内部進学ができない場合もあります）。しかし、本当の原因は別のところにあります。それは、これまでの勉強のやり方です。

中学受験はわずか12歳の子どもが挑戦する受験です。そのため、子どもだけの力で進めていくのは難しいでしょう。そこで、親がある程度、手綱を引っ張っていくことになりますが、その引っ張り方を間違えてしまうと、後々まで悪影響を及ぼすことになります。

深海魚と呼ばれる子どもたちは、中学に入った時点ですでに勉強に疲れ、勉強嫌いになっていることがほとんどです。そういう家庭に共通していえるのは、親御さんからの一方的な子どもへの「勉強のやらせすぎ」です。

「これをやりなさい！　あれもやりなさい！」

「なんでこんな問題が解けないんだ！」

「あなたの将来を思って言っているのよ」

と、極端な叱咤激励で、やみくもに勉強をさせてしまう。

すると、子どもは親から与えられた大量のタスクを消化していくために、とにかく終わらせることに気持ちが向かってしまい、「納得しながら覚える」「自分の手を動かしながら考える」といった正しい勉強のやり方を身に付けられないまま、受験を終えてしまいます。その結果、「勉強は楽しい！」という経験ができず、**「勉強」＝「嫌なもの」「つらいもの」になってしまう**のです。

そうやって受験勉強をしてきた子は、入試は突破することはできても、すでに息切れ状態になっていて、中学に入った途端に勉強の習慣を放り投げてしまうのです。

しかも、その頃になると、親の強制力が効かない年齢になります。小学生のうちは素直に親の言うことを聞いていた子も、自我に目覚め反発をするようになったり、そのまま無気力になってしまったりします。そして、1年もすると真っ暗な海の底をさまよう深海魚になってしまう……。困るのは勉強だけではありません。**無気力になると、学校生活そのものが楽しめなくなってしまう**のです。

わが子の将来の幸せのためにと選択した中学受験で、このような状況になってしまっては本末転倒です。**中学受験はメリットが大きい一方、間違った勉強のやり方を押しつけてしまうと、大きなリスクにもなる**ことを親御さんには知っていただきたいと思います。

第6章

学校選びは何から始めたらいい？

中学受験をすると決めたら、まずは何から始めたらよいか——。

「とりあえず塾選び？」と答える方が多いのではないでしょうか。確かに塾選びも大切ですが、まずはざっくりとでもいいので、目標となる学校を選んでおくといいでしょう。

なぜなら、**目指す志望校によって塾選びも変わってくる**からです。

学校のホームページは情報の宝庫

学校の特徴が分かるツールとして、学校のホームページがあります。ところが、パッと見たところでは、どの学校も同じようなことが書かれているように感じ、参考程度にササッと読んでおしまいということになりがちです。

しかし、私たちは**ホームページこそ情報の宝庫**だと思っています。一見どこも同じように見えるホームページですが、細部までしっかり読み進めていくと、各学校の特徴がおもしろいほど見えてくるからです。

まず、トップ画面の写真1枚を見ても、その学校の特徴が表れます。例えば鷗友学園女子、頌栄女子学院、吉祥女子は、偏差値61～64（四谷大塚偏差値）とほぼ同レベルで人気の女子校ですが、それぞれのホームページを開いて見比べてみてください。

鷗友学園女子は柔らかな日差しの中で微笑む女の子の姿があります。一方、頌栄女子学院は礼拝をしている姿、吉祥女子は黒板が象徴するように授業風景の写真を載せています（23年4月時点）。偏差値帯で見ると同じラインにいる3校ですが、ホームページの雰囲気はだいぶ違いますよね。このように、たった**1枚の写真からでも、その学校の特徴を感じ**

取ることができます。

次にチェックしたいのは、「校長のあいさつ」です。「校長のあいさつ」は、その学校の特徴が一番反映されるページです。他のページはプロのライターが書いていることがありますが、**「校長のあいさつ」**だけは他の人が代筆するわけにはいきません。**「学校の顔」である校長の言葉は、いわば「学校の真実」**といえます。

3校のホームページを見比べてみましょう。鷗友学園女子のページは、校長先生の笑顔の写真です。子どもの成長に欠かせないのが「安心感」で、何よりもそれを大切にしていることが書かれていて、文体からは校長の笑顔同様に柔らかい雰囲気が伝わってきます。対して、頌栄女子学院のページは、冒頭から「聖書の教えを生徒指導の基礎に置いています」という説明から入り、文章もやや硬めです。校長の言葉は短く簡潔にまとめられていますが、まじめな校風であることが伝わってきます。

吉祥女子のページは、ＩＣＴ（情報通信技術）や探究といった近年のトレンドワードが盛り込まれていて、日頃どんな授業を行っているかが分かります。学習に関する説明が多いことから、授業を大切にしている学校であることが伝わってきます。

誤解しないでいただきたいのは、どこの学校がいいか悪いかを言いたいのではありません。どの学校もそれぞれに大切にしていることがあり、それがその学校の特徴であるということです。そして忘れてはいけないのは、**「うちの子はどの学校に合いそうか」という視点で見る**こと。なぜなら、そこに6年間通うのは、親御さんではなくお子さんだからです。

進学実績は合格者数ではなく進学者数をチェック

学校ホームページには、「校長のあいさつ」「沿革」「教育カリキュラム」「進路実績」などさまざまな項目があります。各校のホームページを下までスクロールすると、サイトマップが表示されていますので、まずは「わが家が知りたい項目」から読み進めていくといいでしょう。

中学受験を検討している多くの家庭にとって、気になるのがその学校の進路状況ではないでしょうか。どの学校のホームページにも必ず進路実績は掲載されています。ただ、読み方には注意が必要です。

進路実績には、合格実績と進学実績があります。合格実績とは、その大学に合格した生徒すべての数がカウントされており、一人の生徒がいくつもの大学に合格している場合、その数もカウントされ、最終的にどの大学へ進学したのか実態が見えません。その**学校の進路状況を知りたければ、見るべきものは進学実績**です。

ホームページには学校がアピールしたい情報以外は書かれていないケースが多いので、

その前提で読み、知りたいことはメモをしておいて学校説明会で聞くようにしましょう。ホームページで進学実績が掲載されていない学校についても、直接来校した際などに聞いてみるとよいでしょう。そうやって、隅々まで読んだ上で、説明会に参加してみるのがおすすめです。

第6章

学校選びの邪魔になる「親の先入観」

「中学受験の難関校」というと、どんな学校が思い浮かびますか？　首都圏なら開成、麻布、武蔵の「男子御三家」がまず挙がるでしょう。いずれも、東大への進学率が高い優秀な生徒が集まる学校です。「女子御三家」は桜蔭、女子学院、雙葉。関西であれば、灘、東大寺学園、洛南、神戸女学院などが難関校として知られていますね。偏差値でいうと、74〜78（四谷大塚偏差値）。このランクの学校になると、難関校の地位は不動であるかのように見えます。

しかし多くの私立中高一貫校では、近年偏差値が大きく変わっています。学校そのものの名前が変わっていたり、男子校、または女子校が共学校に変わっていたりするケースも

かつての女子校、または男子校が
共学校に変わった学校

渋谷女子（渋女）➔ 渋谷教育学園渋谷中学高等学校（渋渋）
【男子67・女子70】

東横学園 ➔ 東京都市大学等々力中学校・高等学校
【男子53（特選）・女子55（特選）】

順心女子学園 ➔ 広尾学園中学校・高等学校【男子61・女子64】

青蘭学院 ➔ 青稜中学校・高等学校【男子52（A）・女子54（A）】

宝仙学園 ➔ 宝仙学園中学校・高等学校 共学部 理数インター
【男子42・女子43】

嘉悦女子 ➔ かえつ有明中・高等学校【男子46（午前）・女子47（午前）】

戸板女子 ➔ 三田国際学園中学校・高等学校
【男子55（IS）・女子57（IS）】

中延学園 ➔ 朋優学院高等学校 ※1

横浜英和女学院 ➔ 青山学院横浜英和中学高等学校
【男子55・女子57】

武蔵野女子学院 ➔ 武蔵野大学中学校・高等学校【男子38・女子39】

小野学園女子 ➔ 品川翔英中学校・高等学校
【男子43（特特・午後）・女子44（特特・午後）】

聖徳大学附属女子 ➔ 光英VERITAS中学校・高等学校
【1/20男子47（理数）・女子48（理数）】

村田女子 ➔ 広尾学園小石川中学校・高等学校【男子56・女子58】

星美学園 ➔ サレジアン国際学園中学校高等学校
【男子39（午前本科）・女子40（午前本科）】

千代田女学園 ➔ 千代田国際中学校 ※2

東京女子学園 ➔ 芝国際中学校・高等学校
【男子52（午前）・女子54（午前）】

※【　】内は23年度中学入試結果の2/1入試の四谷大塚偏差値。2/1以外の入試偏差値の場合のみ、入試日を記載　※1 高等学校のみ　※2 四谷大塚偏差値に登録なし

多々あります。

２３０ページの表はここ10年の間に学校名が変わった学校です。「えっ？　あの学校がこんな名前に？　しかも偏差値がこんなに上がっている！」と驚いた方も多いのではないでしょうか。

公立トップ校に入るのは思っている以上に大変

中学受験がいいか、高校受験がいいかは、ご家庭の価値観だと思いますし、お子さんによっても合う・合わないがあります。ですから、ここで私たちはどちらがいいか悪いかは言えません。ただ、公立中学への進学も視野に入れている場合、ぜひとも知っておいていただきたいことがあります。それは、**首都圏では高校から入学できる私立上位校が意外と少ない**という点です。

公立中学への進学も視野に入れているご家庭の多くは、「小学生のうちはのびのびと過ごさせたい」「勉強は中学から頑張ってもらい、できれば高校受験で公立上位校に入ってほしい」と考えているのではないでしょうか。

しかし、東京都なら日比谷高校、西高校、国立高校、神奈川県なら湘南高校や横浜翠嵐高校といった各都県のトップ校を目指すなら、主要5教科はオール5が基準。実技4教科も4以上は当たり前というくらいでなければ難しいでしょう。主要科目はオール5でも、体育で3をとってしまい、志望校へ行けなくなってしまうこともあります。

また、中学の成績というのは、中間テストや期末テストの結果だけでなく、提出物や授業態度、勉強に対する意欲や関心などが総合的に評価されます。たとえテストの点が良くても、授業態度が悪かったり、授業中の発言が少なかったりすると、内申書の評価が下がってしまうのです。このように公立トップ校には、各中学校を代表するような優秀な子たちがこぞって目指すため、受験倍率が上がり、非常に厳しい戦いになります。

高校から入学できる私立上位校は意外と少ない

それなら、その次のランクの学校を狙えばいいじゃないかと思うかもしれませんが、それが意外と少ないのです。例えば東京都の場合、かつてはその次のランクの都立高校に三鷹高校や白鴎高校、両国高校などの学校がありましたが、これらの学校は十数年前に公立中高一貫校に生まれ変わり、高校から入学することができなくなってしまいました。その次のランクになると、上位校との差は大きく開き、大学受験で難関校を目指すのが難しくなってしまうのです。だったら、高校で私立上位校を目指せばいいじゃないか、と思うかもしれませんが、ここに大きな落とし穴があります。**中学受験であれほどたくさんあった私立学校の選択肢が、高校受験になると一気に減ってしまう**のです。

かつて多くの私立では高校募集を行っていましたが、昨今、中学受験熱が高まるとともに、高校からの募集を停止し、6年一貫の教育カリキュラムへと変わってきています。

中学受験組と高校受験組では、カリキュラムの進度が異なります。かつては中学受験組の中に、公立中学で3年間、一生懸命勉強して狭き門をくぐり抜けてきた優秀な高校受験組が加わることで、中だるみしてしまう内部生に刺激を与え学校全体を活性化させるという狙いがありました。実際、高校受験組が加わることで、効果も大きかったのです。

しかし今はその効果も薄く、むしろ高校受験組が途中から加わることで、カリキュラムを2本立てにしなければいけないなど手間がかかり、メリットが感じられなくなっています。その結果、高校から募集をする私立上位校が減少しているのです。21年度入試より本郷が、22年には豊島岡女子が高校からの募集を停止し、完全中高一貫校になりました。

中学受験と高校受験の偏差値は全く別物

もう一つ、知っておいてほしいことがあります。それは、**同じ学校でも中学受験の偏差値と高校受験の偏差値とでは大きく違う**ということです。

偏差値というのは、そのテストを受けた人の全体に対して、自分がどの位置にいるかを表したものです。同じテストで自分の点数が同じだったとしても、まわりの受ける人が変われば偏差値も変わってきます。

首都圏の中学受験で参考にする偏差値は主に4つあります。いずれも大手塾や団体が主催する公開模試による偏差値です。難関中学を目指す子が集まるサピックス、中堅校がボリュームゾーンの四谷大塚と日能研、そして中堅校からその下のランクまでをカバーしている首都圏中学模試センター、以上がそれぞれ偏差値を出します。また、受ける集団が変われば偏差値も変わってきますから、例えばサピックス偏差値45の学校は、四谷大塚・日能研偏差値では約50〜55、首都圏模試偏差値では約60〜65と数値が変わってきます。

同じことは高校受験でもいえます。中学受験に挑戦する子の多くは、小学校のテストで１００点を取るような子たちです。高校受験ではそういう子たちの一部が抜け、勉強が得意な子もそうでない子も交じって全員が同じテストを受けます。すると、中学受験偏差値では45の学校が、高校受験では70オーバーの上位校になるケースが多々起こります。

地方の公立トップ校出身の親御さんに多いのが、「わざわざ中学受験をして、偏差値50の学校に入れるなんて」という考え方。そういう方にとって、偏差値50（四谷大塚偏差値）の学校は勉強ができない子が集まるイメージです。しかし、中学受験と高校受験とでは、偏差値はもはや別物。中学受験では偏差値50の学校でも、進学実績を見てみると、国公立大学や私立難関大学への進学も多く、決してレベルが低いわけではないのです。**親の間違った先入観で、お子さんの進路の選択肢を狭めないように**しましょう。

第6章 中学受験には塾が不可欠

中学受験をするなら、今や塾通いは必須です。なぜなら、中学受験の出題範囲は、小学校で勉強する内容と大きくかけ離れている面があり、学校の勉強だけでは入試に対応できないからです。特に算数は、小学校で学ぶ算数の発想とは異なる**「中学受験の算数」**が必要になり、それを習わなければ解くことはできません。

中学受験をするなら、まずは大手進学塾への通塾の検討をおすすめします。なぜかというと、大手進学塾には受験に必要な学習カリキュラムが整っているからです。また、多くの学校の入試問題の傾向と対策のノウハウを蓄積しているのも大きな強みです。

こうお伝えすると、「大手進学塾に入っていれば安心ね」と思ってしまう親御さんがいますが、それだけで合格が保証されるわけではありません。

ひとくちに大手進学塾といっても、対象となる生徒像はそれぞれ違います。また、カリキュラムの進度や宿題のチェックの仕方、保護者に対するスタンスも同じというわけではありません。特に共働き家庭は、どれだけ親である自分が関わることになるか気になるところでしょう。わが子が自走できるようになってきたとしても、まだ小学生の子ども。すべてを子どもに任せるのは、現実的ではありません。そこで、**「わが子」はもちろんのこと、「わが家と相性の合う塾」を選ぶことが重要**になります。

首都圏の大手塾といえば、「サピックス」「四谷大塚」「早稲田アカデミー」「日能研」です。各塾にはどんな特徴があるのでしょうか。２４０ページの表にまとめてみましたので、参考にしてみてください。

第6章

入塾テストに備えておきたい学力レベルは

3年生の秋になると、各塾ではいよいよ入塾テストが始まります。学校と違って塾は、月謝を払って勉強を教えてもらうところ。普通であれば、どんな成績の子でも入塾できます。ところが、中学受験を専門に指導する大手進学塾には入塾テストというものがあり、その結果によっては塾に入れないこともあります。

入塾テストの目的は、「入塾そのものの可否」と「クラス分け」です。一般的に大手進学塾の集団クラスは、1クラス15～30人で構成されています。クラスの数は塾によってさまざまですが、例えばサピックスの場合、ターミナル駅近辺に校舎があるので、1学年10クラ

	宿題の多さ	カリキュラムの進度＆難易度	どんな家庭向き？
	宿題は多いがチェックは甘め。テキストの難度が高いため、実力がない子は自分で進めるのは難しい。	どの塾よりも進度が速く、5年で6年までの内容をすべて終わらせる。かなりの量のプリントが渡されるが、すべてを解くことは御三家志望クラスでも困難で取捨選択が必要。家庭でその選択をするのは難しく、家庭教師や個別指導を利用する率も高い。	親のフォローがかなり必要。プリント整理だけでも子どもだけでは困難。面倒見の良い塾ではないので、自走できる子や負けず嫌いな子向き。
	宿題は多い。予習は強制ではないが、講師による。タブレット学習にも力を入れている。	テキストが整理されていて、勉強がしやすい。基本から超難問まで揃えているが類題が少なく、定着が曖昧になりやすいのが難点。	面倒見の良い塾。テキストも体系立ててあり、子ども自身で勉強が進めやすく、共働き家庭には管理がしやすい。
	宿題は多めで、やったかどうかのチェックも厳しい。	カリキュラムは四谷大塚の「予習シリーズ」に沿って進む。NN特訓は効果が高く、他塾から日曜のみ受講する生徒もいる。	しっかり勉強させる雰囲気で、面倒見はいい。塾の雰囲気が合うと伸びる。真ん中以上の成績で、さらに上を目指したい子におすすめ。
	宿題はやや多め、チェックは講師による。	進度は四大塾の中では一番遅く、復習重視型。進度の速い塾について来られなかった子が転塾してくるケースが多い。5年まではカリキュラムはゆっくりだが、6年で急に速くなり、レベルも上がるので注意が必要。	じっくり型の子向き。受験を意識するのが遅れた家庭でも挽回がしやすい塾。

【首都圏四大塾の特徴】

	特　徴	通っている子の志望校レベル	塾の雰囲気	
サピックス	プリント整理は大変だが、塾弁はなし。自走できる子向き。	御三家、難関校志望クラスの層が厚い。	成績別のクラス分け。クラス数が多く、先生との距離は遠い。	
四谷大塚	テキスト「予習シリーズ」はよくできた内容で、子ども自身で勉強が進めやすい。	中堅校狙いが中心だが、最近は入塾率50%と入塾レベルを上げるなどして御三家合格率を増やそうとしている。	校舎や講師によって雰囲気が変わる。	
早稲田アカデミー	宿題は多めで、体育会系の雰囲気が残る。日曜特訓（NN特訓）に定評がある。	最難関校から中堅まで。最難関校の厚みが増してきている。	体育会系の雰囲気。授業中も叱咤激励の声が響き、子どもによって合う・合わないは分かれる。	
日能研	復習重視でじっくり解かせるスタイル。子どもの後伸びが期待できる。	最難関校から中堅まで間口は広めだが、中堅が多い。	校舎によって雰囲気が異なる。クラスの席順が成績で決まる。それがモチベーションになるかはその子次第。	

スはめずらしくなく、自由が丘校や吉祥寺校など大規模な校舎では20クラス以上のところもあります。

算数は4年生の計算問題まで取り組んでおく

入塾テストの対策は3年生の夏休み明けくらいから少しずつ始めていくとよいでしょう。

入塾テストの教科は国語と算数の2教科です。大手塾の入塾テストは、**学校で習う問題が約6割。残りの約4割は、学校では半年先くらいに習う計算問題や文章問題が出題**されます。国語なら3年生の学習範囲すべて、算数ならそれに加えて4年生の計算問題まで取り組んでおいた方がいいでしょう。

対策としては『自由自在 小学3・4年』（増進堂・受験研究社）などで基礎を固め、手前味噌になりますが、『中学受験 スタートダッシュ』（青春出版社）で実際のテストに慣れておくのがおすすめです。こちらの本では、大手進学塾の過去の入塾テストの類題をたくさんご紹介しています。考え方、解き方の参考になると思いますので、ぜひ活用してみてください。

問題集を解くときは、問題集に直接答えを書き込むのではなく、ノートを1冊用意し、そのノートに計算や答えを書くことをおすすめします。問題集は文字が余白なく記載されていて、計算スペースが狭く、子どもが書く大きな字には対応していないからです。

これまでお子さんが受けてきたテストといえば、学校のテストくらいではないでしょうか。学校のテストはカラーで文字が大きくて見やすく、問題と解答が1枚の用紙にまとまっています。一方、塾のテストは白黒で文字も小さめ。国語なら文章が長く、設問の数もたくさんあります。問題用紙と解答用紙が分かれているところもあり、これまでなじんできた学校のテストとは大きく異なります。**見た目の違いに驚くことがないように、事前にこの形態に慣れておく**ようにしましょう。

入塾テストの内容は日能研や四谷大塚ではそれほど難しくはありません。ただし、近年、四谷大塚では入塾テストの合格率が50%とうたっています。その真相は定かではありませんが、以前よりも入りにくくなっているのは事実のようです。おそらく、難関校狙いの子をもっと集めたいという塾側の希望があるのでしょう。

サピックスは入塾テストの段階から難度が高く、塾側が御三家をはじめとする難関校受験者を求めていることがうかがえます。上位クラスに入ることを目指すのなら、低学年の段階で「読み・書き・計算」がしっかりできている子でないと難しいでしょう。

第6章

大手進学塾のテキストの特徴と進度

大手進学塾の授業は、中学受験のために作られた学習カリキュラムに沿って進んでいきます。テキストは、サピックスなら『デイリーサピックス』や『デイリーサポート』、日能研なら『本科テキスト』や『栄冠への道』など、四谷大塚なら『予習シリーズ』といったように各塾のオリジナルテキストを使用します。早稲田アカデミーは四谷大塚の『予習シリーズ』と『Ｗベーシック』というテキストを併用しています。

四谷大塚の『予習シリーズ』は完成度が高く、「なぜそうなるのか」という物語まで紹介されており、読んでいて楽しいものです。市販（通信販売）もされていて、これをテキストとして使用している塾も多くあります。しかし、近年の大幅改訂からカリキュラムが大きく変わり、難度と進行速度が一気に上がったため、上位層クラスでなければ教育内容を十分に習得することが難しくなってきています。

サピックスのテキストは、毎週1冊ずつ小冊子になっていて、「1週間でこの内容さえマスターすればよし」という構成になっています。こういうテキストは、大手塾ではめずらしいケースです。テキストを固定しないメリットは、いつでも気軽に改訂できるため、常に最新の内容を提供できることです。近年、中学受験の入試問題は、知識重視型から思考力・表現力を求める問題へと大きく変わってきています。こうした**変化にいち早く対応しているのがサピックスのテキスト**です。

ひとくちに大手進学塾といっても、テキストの内容も授業が進む進度も違ってきます。ですが、一つだけ共通点があります。それは、**どこの塾のテキストも優秀な子を対象に作られている**点です。

大手進学塾が求めているのは難関校の合格実績を作ってくれる成績優秀な子

多くの塾にとって大切なことは、「何人の生徒を難関校へ合格させたか」という実績です。日能研や四谷大塚など間口の広い塾でさえも、塾にとって最も効果が大きいのは、難関校への合格実績であることは変わりません。塾にとって一番ありがたいのは、難関校へ入ることのできる実力を持った子どもが、その塾にたくさん入ってくれること。そのため、テキストをはじめ、すべての学習カリキュラムがそうした成績優秀な子どもとその親を満足させるための内容になっています。

つまり、**塾のテキストは誰もが理解できるようには作られていない**のです。塾の授業は、テキストに沿って進められていきますので、その内容が理解できない子は、きちんと理解できないまま授業を受け続けることになります。すると、**出された宿題も自分だけで進めていくのは難しく、自走とは程遠い状況になってしまいます。**

第6章

4年生で好スタートを切るには

入塾テストでは、できれば高得点を取り、**上位クラスからスタートできるのが望ましい**でしょう。もちろん入塾後にクラスの変動はありますが、大手進学塾では上位クラスで入塾した方が、あとあとまで有利に働くことが多いのも事実です。なので「入ればいいや」ではなく「高得点を狙うぞ」くらいの気持ちで、入塾テストに臨めるといいでしょう。

すると、「どうしよう、うちの子、下のクラスからのスタートになっちゃった……」と、焦ってしまった親御さんもいるかもしれません。

大丈夫です。中学受験の勉強はまだ始まったばかり、挽回のチャンスは十分あります。

新4年生のコースが始まる小学3年生の2月からゴールデンウィークまでは、塾の生活に慣れてもらうことが一番重要で、授業もそれほど先へは進みません。ですから、この時期に不足している基礎学力の強化をするようにしましょう。

また、クラスの生徒全員が理解できるように教えてくれる学校の授業と違って、塾の授業はカリキュラムに沿って行われます。毎回の授業で教える単元が決められているため、生徒全員の理解を待たずにどんどん先へ進んでいきます。**先生の話を聞き逃さないように、集中して聞くことが何より大切**です。

勉強は塾の授業を聞いて終わり、ではありません。塾のある日は必ず、家に帰ったら復習をしましょう。習ったことをそのままにせず、その日のうちにいったん頭の中に残すことが大事です。つまり、正しい勉強のやり方を身に付ければ、挽回は十分できます。塾が始まってからの勉強の進め方については、『**中学受験基本のキ！ 第5版**』（小社）の方で詳しく説明していますので、ぜひそちらを参考にしてみてください。

わが子の力を信じれば、必ず伸びてくる

4年生の学習で一番気をつけるべきは、勉強のやらせすぎです。4年生のうちは塾に通う日は週2日程度で、時間にも余裕があります。すると、今のうちにたくさん勉強をさせておいた方がいいのではないかと、あれもこれもやらせてしまう親御さんが出てきます。

残念なことに、これまでお子さんの好きなことを温かく見守り、熱中体験を大事にしてきた親御さんの中にも、中学受験の勉強が始まった途端に、「成績を上げるには、もっとたくさんの問題を解かせなきゃ！」と押しつけの勉強に走ってしまう方がいます。そうなってしまうのは、やはり塾での成績が気になってしまうからでしょう。

しかし、これまで何度もお伝えしてきたように、「与えすぎの勉強」はお子さんの伸びていくはずの芽を摘んでしまう恐れがあります。どうかこれまでの子育てに自信を持って、**「うちの子ならきっと大丈夫！」とお子さんの力を信じてみましょう**。幼少期にたくさんの

熱中体験をしてきた子ならきっと、「どうしたらうまくいくんだろう？」「何かいい方法はあるかな？」と自分で試行錯誤しながら、工夫を見いだしていけるはずです。

逆にこれまで「勉強をやらせすぎてしまっていたかも」「熱中体験が足りなかった……」と気になっている親御さんも、不安になる必要はありません。確かに幼いときからの身体感覚は重要ですが、4年生のうちはまだ十分時間があります。今から意識を変えて子どもと向き合っていけばいいのです。子育てに「遅い」ということは決してありません。

4年生は中学受験の勉強のスタート地点であると同時に、これまでの過ごし方を見直す絶好のチャンス。 5年生になって本格的な受験勉強が始まる前に、自分から勉強する子になるために必要な2つの柱「中学受験に必要な学力・能力」と「学びに向かう力」の土台を強固なものにしておきましょう。

「勉強は楽しい！」と思ったら、お子さんはどんどん自走できるようになります。

第7章

忙しい親の受験の悩みに答える16の金言

これまで日経xwoman（クロスウーマン）DUAL主催「中学受験セミナー」で、共働き家庭を中心に数多くの忙しい親御さんの相談にのってきました。

そこで、みなさんからお寄せいただいた質問とお答えしてきたことをこちらでもお伝えしたいと思います。親御さんの悩みとお子さんに関する悩み、それぞれご紹介しましょう。

【親のお悩み編】

Q 親の仕事が終わるまでの数時間、どんな勉強をさせておくべき？

来年から小3になる娘がいます。学校から16時には帰ってくるのですが、私自身は18時まで在宅でオンライン会議があり、娘の勉強を見てあげることができません。その間、家にいるのですが、どんな勉強をさせればいいでしょうか?

A ずっと勉強させる必要なし。子ども一人で1時間できたら御の字です

夕方の時間を有効に使いたい。しかし、親である自分は家にいるのに、仕事で勉強を見てあげることができない。親御さんとしてはもどかしく感じるかもしれませんね。

ですが、子どもの学習環境としては理想的だと思います。やはり、「お母さんが近くにいる」という安心感があると、勉強に向かいやすくなるからです。

でも、2時間ずっと勉強する必要はないと思います。この本の中でもお伝えしましたが、**低学年の家庭学習の目安時間は、学年×国語・算数各10分。小学3年生なら、1時間できれば御の字**です。

まずは学校の宿題をさせましょう。まだ時間があるようでしたら、子どもだけで進められる「作業系の学習」をさせます。作業系の学習とは、漢字や計算などドリル学習や九九、歴史の年号など口に出しながら覚えるものを指します。こうした学習は子どもだけでも進めやすい上、手を動かしたり声を出したりすることで、眠くならないという良さがあります。**1時間自分で勉強ができたら、あとの1時間はお子さんの好きなことをやらせてあげましょう。**「ちゃんとやったらご褒美時間がある」と決めておくと、1時間集中して勉強するようになります。

Q 父親が中学受験に反対しています

小4の息子がいます。すでに塾には通い始めているのですが、父親が中学受験に難色を示しています。それが子どもにも伝わっているようで、勉強に対するモチベーションがなかなか上がりません。どうしたらモチベーションアップできますか？

A 家族が同じ方向を向いていなければ、中学受験はうまくいきません

単刀直入に言います。お父さんが中学受験に反対である限り、今の状況が良くなることは期待できません。

長期戦といわれる中学受験で最も大事なことは、**「なぜ、中学受験をするか？」という動機**です。第6章に「中学受験をするメリット・デメリット」をご紹介していますので、まずはそれを夫婦で読んでみてください。そうすれば、「何が何でもダメ！」と頭ごなしに反対はしないと思います。お母さんも「まわりがみんな受験をするから」「高校受験は大変そうだから」など、まわりの情報に振り回されることなく、「お子さんにとってベストな環境はどこか？」という視点を忘れないようにしましょう。そうした上で、夫婦でもう一度、お子さんの進路について話し合ってみるのです。

どちらかが折れたり、納得しないまま中学受験をスタートすると、まずうまくいきません。**逆に夫婦で多少の温度差はあったとしても、同じ方向さえ向いていれば、お子さんのモチベーションを上げていくことは十分可能です。**

今はまだ4年生なので、学習習慣が身に付いていなかったり、塾の生活リズムがつかめてなかったりして、思うように勉強を進めていけない部分もあると思いますが、「ちゃんと塾に行ったら褒める」「ちゃんと宿題をしたら褒める」と、少しでも頑張っている姿が見られたら褒めてあげましょう。すると、子どものモチベーションも上がっていきます。

「あなたは頑張ればできる子だもんね」という親御さんのメッセージが伝わると、「お父さんとお母さんはいつも僕のことを見てくれている。僕を応援してくれている」と感じ、頑張るようになります。

【わが子のお悩み編】

Q 周囲は受験をしない環境、本人をやる気にさせるには？

小4の息子に中学受験させたいのですが、勉強が嫌いで塾に行きたがりません。まわりにも受験をする友達がいないので、その気にさせるのが難しい状況です。どうすれば、勉強に向かうようになるのでしょうか？

A 「勉強しなさい」ではなく、「あなたはできる子だから頑張ってほしいな」とその気にさせる

まわりで中学受験をする子がいない中で、受験をするとなると、「自分だけみんなと遊

べなくなるのではないか」といった不安や不満があるのかもしれません。お子さんの意思に反して中学受験を推し進めることは避けていただきたいのですが、ご家族の教育方針として中学受験をさせたいのであれば、**「お父さんとお母さんはあなたにこういうふうに成長してほしいから中学受験を勧めているのよ」ときちんと親の考えをお子さんに伝え、本人に納得してもらう**ことです。

「受験をしなさい。あなたの将来のためを思って言っているのよ」という伝え方は反発心を生みやすくなりますが、**「あなたは中学受験をする力を持っているから、お母さんはできれば頑張ってほしいな」**といった言い方をすると、「そうか、僕はできる子なんだな」と気分が良くなり、その気になることもあります。

お子さんが受験に興味を示したら、4年生用の受験テキストの問題をちょっと解かせてみましょう。おそらく難しくて分からないと言うと思いますが、「中学受験の勉強ってこんなことを習うんだね。学校の勉強よりも深い勉強ができておもしろそうだね。塾ではどういうふうに教えてくれるんだろうね」と、塾に行くといろいろおもしろい勉強ができるということを伝え、少しずつ塾に興味を持たせるようにしてみましょう。

大手進学塾に通うことに抵抗があるようでしたら、まずは週1～2回、個別指導塾から始めてみるか、家庭教師をつけてみてはいかがでしょうか。大事なのは、親が無理やりやらせるのではなく、**多少時間がかかっても子ども本人がやる気になるのを待つ**ことです。

Q 子どもがゲームをやめられません

受験勉強の合間に「ちょっと息抜きに」とゲームをOKにしているのですが、「ゲームは20分まで」と約束しているのになかなか守れません。どうしたら、守れるようになりますか？

A どんな子でもゲームをやめさせるのは難しい。念には念を入れた約束をするか、罰則を決めておく

ゲームは一度始めると子どもが自分の意思でやめるのは難しいものです。「20分」と約束をしても、「あとちょっと、きりがいいところまで」と、やめられなくなってしまいます。

ゲーム依存症という言葉は一般化しています。ゲームの時間が長くなると、脳の前頭前野の機能低下が起こり、衝動や感情のコントロールが難しくなるといわれています。本書でも触れた「ちょっとした我慢」ができなくなるのです。したがって、お子さんの勉強を第一に考えるのであれば、やはりゲームはできるだけやらせない方がいいと思います。

でも、それが程よい息抜きになるのであれば、きちんと約束事を決めておきましょう。一度始めてしまうと、その場になってやめさせようとしても、やめられなくなってしまう

ので、**前日の夜に「ゲームは20分だよ」と約束をしておく。**そのくらい何度も言い聞かせないと、なかなか約束が守れません。

または、はじめから「20分」という設定をしてしまうと、うまくいきそうにないという場合には、はじめは子どもが無理なく約束を守れる時間、例えば「50分いいよ」と少し長めに時間設定をしてあげて、**まずはきちんと約束を守らせることから始める**のもいいと思います。「きちんと約束を守れたら褒める」ことをくり返していくことで、自制心が育ち、だんだんと時間を短くしていっても守れるようになる子もいます。

何度言っても守れない場合には、いわゆる**「ショック療法」もアリ**だと思います。例えば「約束を守れないのなら1週間ゲームは禁止！」など罰則を決めておくと、守れるようになる子もいます。

Q 子どもの熱中するものが見つかりません……

5歳の娘がいます。少しずつ机に向かうことに慣れておこうと、タブレットを渡してみたのですが、あまり興味を示しません。自分から絵を描いたり、折り紙をしたりといったこともせず、小学生になって勉強が始まったときに、集中力が続くか心配です。

A 興味は人それぞれ。お子さんの好きなものを見つけてみましょう

セミナーなどで「幼児期・低学年に触れておくといいものは何ですか？」といった質問を受けたとき、私たちはよくお絵かきや折り紙をおすすめしています。そう言うと、「うちの子にもやらせてみよう」とすぐに行動に移される親御さんは少なくありませんが、子どもの興味はそれぞれ。**大人が良かれと思って用意したものに、反応を示さないことはよく**

あることです。なので、がっかりする必要はありません。

お子さんによっては、身体を動かす遊びの方が好きな場合もありますし、虫や恐竜が好き、ものを作ることが好きという場合もあります。ですから、まずはお子さんが**何をしているときに目を輝かせているか観察し、お子さんの好きなものを見つけてみましょう。**

例えばアリの行列を見ていたら、「何を運んでいるんだろうね？」「体に比べてこんなに大きなものを運べてすごい！」と一緒に不思議がったり、おもしろがったりすると子どもは喜び、「もっとおもしろいものを見つけよう！」と夢中になって地べたを観察します。

恐竜が好きで図鑑を飽きずに眺めていたり、ものを壊しては組み立てたりするなど、子どもは好きなことをしているときにものすごい集中力を発揮しています。そういう子は、今は机に向かうことができなくても、「知らないことが分かるのは楽しい」という経験を積み重ねているので、「勉強は楽しい！」と思えるときが来たら、集中して取り組めます。焦る必要はありません。まずは、お子さんの「好きなもの」に注目してみてください。

Q やる気のスイッチがなかなか入りません

小4の息子が塾に通い始めました。ところが、2カ月が過ぎても、なかなかやる気を見せてくれません。自分から受験をしたいと言って始めたのに、これでは先が思いやられます。どうしたら、自分から勉強を始められるようになりますか？

A タイマーやファンファーレで始まりの合図をしましょう

低学年のうちは遊びが中心の生活です。4年生になって塾がスタートしたからといって、突然勉強モードに変わるという子はほとんどいません。**この時期一番大事なことは、お子さんを勉強嫌いにしないこと**です。

なかなか勉強を始めないお子さんに「早く勉強しなさい！」「まだ宿題をやっていない

の?」と目くじらを立てているばかりでは、「勉強が嫌なもの」になってしまいかねません。なので「怒られてから始める」という状況をなくすための方法を考えていきましょう。

おすすめは音を鳴らすこと。タイマーでもいいし、ファンファーレでもいいし、何でもいいので、**「この音が鳴ったら勉強開始ね」という合図を作ってあげる**のです。学校でもチャイムが鳴ったら静かに席に着き、勉強を始めるモードになりますよね。そうやって、まずは音で気持ちを切り替えさせてみましょう。

そのときに、親御さんが「さぁ、勉強してちょうだい」と圧をかけると、子どものやる気が削がれてしまうので、「さぁ〜て、始めよっかぁ〜」となごやか雰囲気を心がけてくださいね。

Q 間違えを認めないわが子、親のサポートのコツは？

小1の息子は、間違いを指摘されるのをとても嫌がり、正しく教えようとすると勉強をやめてしまいます。どのように勉強を見てあげればいいでしょうか？

A ×を付けずに空欄にしておき、ちゃんとできたら〇を付けてあげましょう

間違いを指摘されて、機嫌を損ねてしまう子は低学年で結構います。親御さんとしては、間違えたところは正しく解けるようになってほしいという思いから指摘しているのだと思いますが、子どもからすると自分が非難されているような気持ちになってしまうのでしょう。

そういう子には、まず**「間違えることは、別に悪いことじゃないんだよ。次につなげるために知っておいた方がいいんだよ」**と教えてあげましょう。

×を付けられるのを嫌がる子には、**正解だけに赤丸を付けて、間違えたところは空欄にしてあげる**といいと思います。そして、解き直して正解できたら、青丸を付けてあげてください。そうすれば色は違うけれど、〇しか残りません。

自分で丸付けができる子には、間違えたところは空欄にしておくように伝えておきます。ちゃんと答え合わせができていたら「正しく赤丸が付けられたね」「間違えたところは空欄にしておけたね」と褒めてあげましょう。そうすると、徐々に間違いを認めることができるようになります。そうやって、**まずは「間違い」を「間違い」と認められるようにします。**

その上で、「ドリルやテストは間違い直しをするまでが勉強だよ」と正しいやり方を教えてあげましょう。間違いを指摘するところから入ってしまうと、子どものやる気を削いでしまうことがありますので、ここは少し時間をかけて付き合ってあげてください。

Q 中学受験を予定しています。今後、習い事はどうしていけばいいでしょうか？

小1の娘がいます。娘は今、ピアノ、バレエ、体操などいろいろな習い事をしています。今はぜんぶ大好きで楽しく通っていますが、中学受験の勉強が始まったらこれらの習い事はあきらめた方がいいのでしょうか？

A 習い事の整理は5年生になってからで十分、子どもの『好き』を大切にしてあげて

1年生であれば、お子さんが楽しく通っているようでしたら、ぜひ続けてください。本人が楽しんでいるかどうかの見極めポイントは、親御さんが見学したときに、お子さんの

表情を見ると分かると思います。親御さんから見て「楽しそうにしているな」と感じたら、それはきっと楽しんでいる証拠です。

また、子どもだけで習い事に行っている場合は、帰ってからの様子を見てみましょう。「今日はね、こんなことを習ってね、こんなことができるようになったんだよ」とうれしそうに話してくれたら、「楽しく通っているな」と見ていいでしょう。この報告は、実はとても大事で、受験勉強の復習をするときと同じことをやっているのですね。1年生のときから**その日に習ったことを親御さんに伝える習慣があると、塾通いが始まった際に、復習がスムーズにできるようになります。**

4年生のうちは、塾の授業も週2日と時間に余裕がありますので、お子さんが楽しく通っているようでしたら、習い事は続けていいでしょう。ただ、**5年生になると、通塾日が週3日になるため、少し整理が必要になってきます。**特に野球やサッカー、バスケットボールなどの団体競技は、学年が上がっていくごとに練習や試合で忙しくなります。6年生からは模試などで休まざるを得なくなるので、夏休み頃に一度親子で、いつまで続けるのか、やめる・お休みするのいずれを選択するのかについて判断した方がいいと思います。

でも、ピアノなどの**個人の習い事は、その子にとって気分転換になるのであれば続けた方がいい**でしょう。例えばピアノなら15〜30分くらい無心に弾かせてあげて、メリハリをつけて勉強に取り組ませた方が効果的な場合があります。ただし、レッスン日が多かったり、発表会などで時間が取られたりする場合は一時期お休みをした方が賢明です。

Q 英語、公文、そろばん、学習系の習い事はやっておいた方がいいの？

来年小学生になる5歳の息子の習い事についての相談です。英語に対する抵抗感をなくすために幼児期から英会話教室に通わせていますが、会話力がついているとは思えず、続けるべきか悩んでいます。また、小学生になったら、計算力を身に付けるために公文かそろばん教室に通わせたいと思っていますが、計算力をつけるにはどちらがいいですか?

A 低学年で育てたいのは「正しい日本語」と「計算力」

近ごろは幼児期から英語を習わせているご家庭が増えていますね。これからますますグローバル化が進み、英語が必要となってきます。中学受験でも英語の能力を問う入試や、英検を持っていると有利になる学校があります。そういう学校を受験する場合や、近い将来に留学を考えているのであれば、続けてもいいと思います。

ただ、幼児期の英会話教室で会話力を伸ばすことはあまり期待しない方がいいと思います。発音に慣れる、耳を鍛えるという点では多少効果はあるかもしれませんが、そこまでアドバンテージになるとは思えません。本人が楽しく通っているのであれば習い事の一つとして続けてもいいと思いますが、そうでない場合はやめてもいいかもしれません。今は英語力を鍛えるよりも、まずは**母語である日本語を確かなものにしておく方がはるかに大事**だからです。

計算力をつけるのに、公文またはそろばん教室に通うのはいいと思います。どちらも体験してみて、お子さんが楽しく取り組める方を選択してみてはいかがでしょうか。

ただ、公文は毎回宿題が出ます。スモールステップで自学自習ができるという点は、共働き家庭向きですが、早く終わらせることに気持ちがいってしまうと、数字が殴り書きになってしまうことがあるので要注意です。お子さんの字の形跡を見て、丁寧に取り組めていないようでしたら、正しい勉強のやり方を教えてあげる必要があります。正しい勉強のやり方が身に付いていれば、計算力を伸ばしていくことができます。

Q ひとりっ子の勉強、気をつけておきたいことは？

5歳の男の子がいます。ひとりっ子なのですが、学習面において何か気をつけておきたいことはありますか？ 共働きなので、付きっきりというわけにはいかないのですが、何かうまくいくコツがあれば教えてください。

A まわりの子どもと比べず、「うちの子なら大丈夫！」とお子さんの力を信じましょう

子育てで大事なのは、「何かをしてあげる」ことよりも、お子さんのことを「ちゃんと見てあげる」ことだと思います。その点、ひとりっ子の場合は、親がいつも自分だけを見てくれているという安心感があるので、おだやかに育ちやすいというメリットがあります。

ただ、家庭内で比べる相手がいません。とはいえ、きょうだいがいても、今は一人か二人くらい。わずかな人数での比較でそれが絶対だというわけではありません。

ひとりっ子のご家庭の場合、きょうだいのいるご家庭よりもまわりのお子さんの存在が気になってしまうように感じます。しかし、**幼児期の子どもの成長は個人差がありますので、あまり他の子と比べない方がいい**と思います。親御さんが「〇〇くんはできるのに、あなたは……」という言い方をしてしまうと、子どもは自信をなくし、本来のその子らしさを発揮できなくなってしまうからです。

子どもの成長のスピードは人それぞれ。早くて何でも一人でできてしまう子もいれば、手がかかる子もいます。でも、どんな子でもその子なりに成長していますので、**「うちの子なら大丈夫！」と根拠のない信頼感を持って育てていただきたい**と思います。

学習面に関しては、親御さんがいない時間でも一人で進めていけるように、少しずつ練習をしていくといいでしょう。本書でご紹介してきた幼児期・低学年の過ごし方を参考にしていただき、「知らないことが分かるのは楽しい」という経験を積ませてあげると、自分から勉強する子になっていくでしょう。

Q おとなしいタイプの子、塾選びはどう考えるべき？

小3の娘は、クラスでもあまり目立たないおとなしいタイプの子です。そういう子は大手進学塾で競い合って勉強するよりも、アットホームな雰囲気の小規模塾や個別指導塾を選んだ方がいいのでしょうか？

A 集団塾・個別塾それぞれの良さを把握した上で検討を

お子さんがおとなしいタイプとおっしゃいますが、それは今の学校の環境や家庭の雰囲気の中でそう感じるのであって、**環境が変わればお子さん自身も変わる**というケースもあります。例えば学校では目立たないタイプでも、勉強に自信がある子は大手塾で積極性を表すことはよくあることです。ですから、おとなしいタイプだから大手進学塾向きではないというわけではありません。

大手進学塾にするか、小規模塾や個別指導塾にするか、どちらを選ぶにしても大事なのは、それぞれの良さと注意点を知っておくことです。大手進学塾は受験に必要なカリキュラムが網羅されているというメリットがありますが、それを消化していくために授業はハイスピードで進んでいきます。また、成績によってクラスや席順が決まるなど、まわりと競い合いながら伸ばしていく考えです。そのため、クラスもメンバーも頻繁に替わり、信頼できる先生を見つけにくい面があります。

一方、小規模塾や個別指導塾は、先生の目が生徒一人ひとりに届きやすいというメリットがあります。先生との関係性などを大切にしたいというご家庭は、大手進学塾よりも小規模塾や個別指導塾の方がいいかもしれません。ただし、先生との相性が合うかどうかが大きなポイントになります。また、個別指導塾はお子さんの理解度に合わせて授業を進めていくという良さがある一方で、受験に必要なカリキュラムが終わらないというリスクもあります。

こうしたことを理解した上で、「うちの子に合う塾はどこか？」という視点で塾選びをしてください。**入塾前には必ず体験授業を受け、塾の雰囲気を感じ取るようにしましょう。**

Q 低学年で学習習慣が不十分なまま入塾予定。気をつけたいことは？

もうすぐ入塾予定の小3の息子がいます。低学年のうちは遊びを優先してしまい、家庭学習の習慣が身に付いていないまま、ここまで来てしまいました。今から学習習慣を身に付けていくには、どんなところに気をつければいいでしょうか？

A ゴールデンウィークまでに宿題の習慣がつけばＯＫです

入塾後は、特に家庭の学習習慣が大切にはなってきますが、今から習慣をつけていくというのでも遅くはありません。焦らずに進めていきましょう。

まず、学校の授業と塾の授業は、学習する内容もスピード感も大きく違うということを知っておきましょう。そして、塾の授業が始まったら、「今日はどんなことを習ったの？」

「先生はどんな話をしてくれた？」「授業のスピードはどうだった？」など、塾の様子をお子さんに聞いてみてください。その**会話が復習になります。**

そのときに必ず確認していただきたいのが、宿題の内容です。次の授業までに何をやっておけばいいのか課題を書き出しておくようにしましょう。そして、**「いつ」「何をするか」学習スケジュールを親子で決めていきます。**また、宿題にプラスして計算と漢字の基礎学習は毎日するようにしましょう。これも「いつ」やるかあらかじめ予定を立てておく。

きちんと予定通りにできたら、「ちゃんとできたね」と褒めてあげましょう。できなかった場合は、叱るのではなく、「明日は頑張ろうね」と励まし、ちゃんとできたらまた褒めます。３日続けてできたらさらに褒める、といった感じでとにかく**「できたら褒める」をくり返します。**そうするうちに、家庭学習が習慣化していくようになります。

最初から完璧を目指そうとすると、「宿題はやったの？」「まだやっていない！」と子どもを責める言葉が増えてしまいます。中学受験は長期戦です。ここで、「勉強は嫌なもの」と思ってしまうと伸び悩みます。できなかった日があれば、「次に頑張ればいいんだよ」と前向きな声かけをしてあげてください。そうすればゴールデンウィーク頃には、宿題の習慣が身に付くようになります。

Q 親が忙しくて子どもの勉強を見てあげられない。最低限身に付けておくべき学習習慣は？

小1の男の子の母です。平日は両親共に仕事が忙しく、子どもとゆっくり向き合う時間がありません。将来的に中学受験をさせたいと考えているのですが、今、最低限身に付けておくべき学習習慣を教えてください。

A 学校の宿題＋学校準拠の問題集を1日1ページできれば十分

まずやっていただきたいのが、学校の宿題です。これができていれば、もう半分は成功！と思っていいでしょう。ただ1年生の場合、宿題もそれほど多くは出ませんので、それにプラスして学校準拠の問題集を1日1ページやっておくといいでしょう。それだけやれば十分です。

学童で勉強タイムがあれば、その時間にやるようにします。ただし、きちんとできたかどうかの確認はするようにしましょう。

勉強タイムがない場合には、家に帰ってきてから、親御さんが食事の支度をしているときに宿題をやったり、音読をしたりするといいでしょう。音読であれば、親御さんが手を動かしながらでも聞いてあげることができます。そうやって、忙しくても毎日ちょっとだけ関わってあげる意識を持っていただけると学習習慣として定着していきます。

平日にあまり時間が取れない場合には、**週末はお子さんの話をいっぱい聞くようにしてください**。「今、算数ではどんなことを習っているの？」「学校の勉強で困っていることはない？」などお子さんの様子を気にかけてあげると、子どもは安心します。また、この時期は身体を使った学びがとても大切になりますので、一緒にどこかへ出かけたり、お手伝いをしてもらったりして、親子の時間を楽しみましょう。

Q 塾の定員問題が気になって小1で入塾、気をつけるべきことは？

小1の男の子がいます。将来的に中学受験をさせる予定ですが、人気の大手進学塾は「4年生からだと入塾できない」という噂を聞き、小1から入塾しました。どんなことに気をつければいいのでしょうか？

A 楽しく取り組めていればＯＫ。心配なのは親が成績を気にすること

結論から言うと、**どんなに人気塾でも「4年生からだと入塾できない」ということは、そう多くはありません。** 少子化で早いうちから優秀なお子さんを確保しておきたいという塾側の思惑はあるかもしれませんが、塾も企業です。お客さま（＝生徒）は多いに越したことはなく、4年生になればクラス数を増やす塾が大半で、よほど悪い成績を取らない限りは入塾できます。また、中学受験のカリキュラムは、4年生から設定していますので、早く塾に通ったからといって有利に働くこともありません。

では、低学年ではどんなことを学ぶのかというと、数の連続性の法則を見つけたり、迷路やクイズのような問題や簡単な図形問題を解いたりするなど、思考や発想系の学習が中心になります。こうした頭を使う学習は、中学受験の勉強と直結するわけではありません

が、「マイナス」になるものでもありません。お子さんが「ああでもない、こうでもない」と試行錯誤しながら楽しく取り組んでいるようでしたら、**学習系の習い事の一つとして選択するのはアリ**だと思います。

ただ、懸念材料は進学塾である以上、低学年クラスであっても月に1回テストが実施され、成績表に得点と順位が出ることです。わが子の成績となると、おだやかな気持ちでいられなくなるのが親というもの。すると、テストでいい点を取るための勉強に走り、自由な発想を鍛えようという本来の学習の目的からズレていってしまうのです。そして、塾のテキストの問題を何度も解かせるといった間違った勉強のやり方をしてしまいます。「やらされる勉強」は学習意欲を削ぎ、勉強嫌いな子を生み出します。

そうならないためには、**低学年のうちは「塾の成績は気にしない」というスタンスを貫くことが大切です。**親御さんにその覚悟があり、かつお子さんが楽しく取り組めているようでしたら塾を活用してもいいでしょう。

Q 各塾が主催している無料模試は受けた方がいい？

小2の女の子がいます。先日、無料模試の案内が来ました。うちはまだ中学受験をするかどうか決めていないのですが、こういう模試は受けておいた方がいいのでしょうか？まわりのお友達は受けているみたいで、本人も少し気になっているようです。

A 中学受験を考えているなら、何回か受けてテストに慣れておきましょう

中学受験を予定している子、受験するかしないか迷っている子というのは、学校では「勉強ができる子」が多く、テストも100点ということが多いのではないでしょうか。

しかし、中学受験ではそういう「勉強ができる子」が集まり、競い合います。そうした集団の中で、自分がどのくらいの位置にいるのか知っておくことは、今後の対策にもつながります。

ただ、心配なのは現時点での成績に親御さんが焦ってしまい、「もっと勉強をさせた方がいいのかしら」と、課題を与えすぎてしまうことです。くり返し言いますが、**低学年の学習で大切なのは「読み・書き・計算」の基礎学力と身体感覚を培うこと**です。

塾の無料模試は、塾のテストに慣れておくという点では有効です。学校のテストはカラー印刷で1枚の紙に問題が書かれ、その下に答えを書く欄がありますが、塾のテストでは問題用紙と解答用紙が別々になっています。何も知らずに入塾テストを受けて、問題用紙に解答を書いてしまったという子が、毎年必ずいるようです。

入塾テストは、中学受験の勉強をスムーズにスタートさせるための大事なテストです。ここで高得点を狙うのであれば、塾のテストに慣れておくことをおすすめします。その予行練習に無料模試は最適です。

模試の結果に一喜一憂する必要はありませんが、間違えたところはきちんと見直しておくようにしましょう。単純に習っていないから分からなかったのか、計算ミスをしてしまって正解が出せなかったのか、字を雑に書いてしまったために読み間違えてしまったのかなど原因を見つけ、次に生かすようにしてください。

Q 家庭学習を大切にしたい。通信教材だけで難関校合格は可能？

小2の娘がいます。現在、大手進学塾の通信教材を使って、受験準備をしています。できればこのまま家庭学習のみで中学受験をさせたいのですが、通信教材だけで難関校を目指すのは可能でしょうか？

A 難関校を目指すのであれば、大手進学塾がおすすめです

中学受験を経験させた親御さんのブログやSNSなどで「うちは通信教育だけで受験をした」というのをときどき見かけることがあります。

しかしそれは、私立中学受験の経験を持つ親が、塾の指導に匹敵するくらいの熱心さと丁寧さで子どもの勉強を見てあげられたとか、あるいは子どもが勉強しなくてもよくできるある種の秀才だった場合など、ごく稀なケースである場合が多く、正直参考にならないことの方が多いと思います。

中学受験をするのであれば、私たちはやっぱり中学受験に特化した塾に通うことをおすすめします。どの塾においても、先生たちは子どもたちが理解できるように順番を考えて説明したり、身振り手振りで大事なポイントを伝えたりしています。こうした**リアルな授**

業だから感じ取れるものがあるからです。活字だけのテキストは、要点はうまくまとめられていますが、子どもたちに納得のいく理解をさせるには少し物足りなさを感じます。

ただし、目指す学校が中堅校であれば、できなくもありません。まずは、通信教育を始めてみて、必要に応じて個別指導など、週に1回でもプロに見てもらうといいでしょう。つまり、**すべてを家庭だけで進めていくというのは難しい**という意味でもあります。その場合、講師の指導スキルが非常に重要になってきます。

難関校を目指す場合は、やはり大手進学塾をおすすめします。大手進学塾には受験のためのカリキュラムが充実していますし、たくさんの卒業生を難関校に合格させているので、学校の情報も豊富だからです。また、同じ目標に向かって頑張る仲間がいることは、大きな力になります。

おわりに

「逆算」という言葉を使うと、先々にやらなければいけないことを前倒ししてやるという発想になる方が多いのではないでしょうか。でも、この本を最後まで読んでいただけた方なら、本書でお伝えしたかったのは、そういう発想ではなく、**中学受験の勉強が本格的に始まる4年生までの「素地作り」を逆算で考えてほしい**、ということがお分かりになったのではないかと思います。

長年、中学受験の指導に関わってきた私たちから、これから中学受験を始める親御さんたちにお伝えしたかったのは、「前もってこれをやってほしい」というよりも、「実はこれはやらないでほしい」ということの方が多いように感じます。

昨今の情報過多社会では、子育てに関してもさまざまな情報があふれています。お子さんのために良さそうと思うものがあれば、与えてあげたくなるのが親というもの。

しかし、**「与えすぎ」「やらせすぎ」の子育ては、子どもの自由を奪い、好奇心の芽を摘んでしまう**危険性があります。人は余白があってこそ、いろいろなことに気づき、不思議がり、考え、工夫します。それは、小さい子どもであっても同様です。

本書はこれから中学受験を予定しているご家庭向けに、学びに向かう土台となる幼少期の理想の過ごし方をご紹介してきましたが、これらの経験の積み重ねは中学受験をする・しないに関わらず大切なことだと考えています。

近年、ＩＴ化やグローバル化が急激に進み、子どもたちが社会に出る頃には、世の中が大きく変わっていることでしょう。先が見えない時代を生き抜いていけるようになるには、「私はこれが得意」「僕だったら何とかできる」という自己肯定感が不可欠です。幼少期はその自信を植え付ける一番大切な時期。この時期のなごやかな親子関係がお子さんの心の安心・安定につながり、外への興味を広げます。そして、自分の好きなことを見つけ、知るおもしろさ、学ぶ楽しさを実感しながら、人生を切り拓いていく。つまり、**「自走できる人になっていく」**のです。本書がそのきっかけの第一歩になれたらうれしく思います。

名門指導会副代表　辻　義夫

著者プロフィール

西村則康（にしむら のりやす）

プロ家庭教師集団「名門指導会」代表。40年以上にわたって難関中学への受験指導を行う現役のカリスマ家庭教師。開成中、麻布中、桜蔭中、女子学院中、灘中などの最難関校に2500人以上を合格させてきた実績を持つ。日本初の「塾ソムリエ」としても活躍し、主任相談員を務める中学受験情報サイト「かしこい塾の使い方」は16万人以上の親御さんが参考にしている。『中学受験は親が9割』（青春出版社）、『中学受験基本のキ! 第5版』（小川大介氏との共著・日経BP）など著書多数。小3入塾テスト対策のための『中学受験 入塾テストで上位クラスに入るスタートダッシュ 算数／国語』（ともに青春出版社）も好評。

辻 義夫（つじ よしお）

理数教育家、中学受験情報局「かしこい塾の使い方」主任相談員。大手進学塾での指導経験を経て、現在は中学受験専門のプロ家庭教師集団「名門指導会」副代表を務める。「わくわく系中学受験」と称される指導法、勉強法は「楽しく学べて理科系科目が知らない間に好きになってしまう」と好評。「カレーライスの法則」「ステッカー法」など子どもが直感的に理解できてふに落ちる解法を編み出す名人でもある。『中学受験見るだけでわかる理科のツボ』（青春出版社）、『理系が得意になる子の育て方』（西村則康氏との共著・ウエッジ）など著書多数。

中学受験の成功は、幼児期・低学年がカギ！

「自走できる子」の育て方

2023年 6月19日　第1版第1刷発行
2023年10月 2日　第1版第3刷発行

著　者　西村則康・辻 義夫
発行者　佐藤珠希
発　行　株式会社日経BP
発　売　株式会社日経BPマーケティング
〒105-8308 東京都港区虎ノ門4-3-12

装丁デザイン　小口翔平＋畑中 茜（tobufune）
装丁イラスト　フジワラヨシト
本文デザイン・制作　藤原未央
編　集　樋口晶子
編集協力　石渡真由美
印刷・製本　図書印刷株式会社

Printed in Japan　ISBN978-4-296-20257-7